LETTRES
A SA MÈRE

CHARLES-LOUIS PHILIPPE

avec un portrait de l'auteur par
CHARLES GUÉRIN
gravé sur bois par
G. AUBERT

ÉDITIONS

de la ouvelle evue rançaise

PARIS 3, rue de Grenelle **1928**

PREMIÈRE SÉRIE

LETTRES A SA MÈRE

25 Octobre 1896.

Chers parents,

Je suis toujours très bien à mon bureau, et je m'estime bien heureux. Certains jours j'ai beaucoup de besogne, mais il y a des choses très intéressantes que je fais avec plaisir.

J'habite toujours rue Saint-Dominique, et c'est précisément à ce sujet que je veux vous causer. J'ai bien réfléchi par moi-même, et les conseils que tout le monde m'a donnés jusqu'ici, les personnes de Paris qui s'intéressent à moi, sont tous les mêmes. Il faudrait que j'achète quelques meubles.

La vie d'hôtel est lamentable. On habite à côté de gens de mauvaise vie, hommes et femmes, qui se disputent, qui se battent à chaque moment du jour et de la nuit. Les chambres sont répugnantes de saleté, mal tenues. Pour vous en donner une idée, voilà bientôt trois mois qu'on n'a pas changé les draps de mon lit. Ma cuvette et mon pot à eau ont des couches de crasse qui datent de si longtemps qu'elles ne veulent pas s'en aller, même en frottant et grattant avec de l'eau chaude. Si l'on veut une chambre convenable, dans un hôtel convenable ça coûte des prix fous, si bien que je serai toujours obligé de me loger dans un hôtel mal famé, avec des crapules pour voisins.

Les avantages qu'il y a à posséder ses meubles sont considérables. D'abord les loyers coûtent moins cher. J'ai visité des chambres dans mon quartier, et pour 180 ou 200 francs, je puis avoir une chambre très convenable, grande et propre, dans une maison tranquille.

Mais pour cela, il faudrait acheter des meubles. J'ai consulté des catalogues, et je crois que pour une centaine de francs je pourrais avoir ce qui m'est nécessaire : un lit, une table, deux chaises, etc.

Ce qui coûte le plus cher, c'est les matelas. Vous m'enverriez un matelats, ainsi qu'une paire de draps, des serviettes, des rideaux.

Il y a autre chose encore. Il va y avoir probablement des examens de conducteur l'année prochaine, et ensuite, il se passera trois ou quatre ans sans qu'il y ait de concours. Pour préparer à ces examens de conducteur, il y a des cours, et peut-être vaudrait-il mieux que j'en suive. Ces cours sont faits par des conducteurs et coûtent de 10 à 12 francs par mois. C'est ainsi que mon chef de bureau, M. Saint-Paul, en fait. Et il m'est impossible, si je paie 25 ou 30 francs de chambre, de distraire de mon petit budget la somme nécessaire. Tandis qu'étant dans mes meubles, je paie moins cher de loyer, et la somme du prix de mon loyer et de celui des cours sera la même que le prix de mon loyer seul si je loge en garni.

Je sais bien que vous allez croire que je me suis fait des idées chimériques en voulant acheter des meubles. Il y a des personnes qui croient connaître ce que c'est et qui vous diront qu'il vaut aussi bien loger en hôtel. Mais demandez donc à ceux qui s'y connaissent, à M. Égret, à Émile Bodard qui doit aller ces jours-ci à Cérilly. M. Émile Bodard est un de ceux qui m'ont le plus vivement conseillé de faire ce que je vous demande. Attendez son arrivé à Cérilly, et vous verrez si c'est vrai. Et tout le monde, sans exception, me dit d'acheter des meubles, et moi qui ne suis plus un enfant, je vois bien que ceux qui me le disent ont raison.

Vous avez fait beaucoup de sacrifices pour moi, et vous savez d'ailleurs que je vous en suis plus reconnaissant que je ne le saurais dire. Ce que je vous demande ne vous est pas impossible, et ça me rendrait matériellement heureux. Je serais chez moi, dans une chambre qui me plairait et j'aurais plaisir à y rester étudier. Mais je me le dis bien souvent, si vous mêmes saviez ce que c'est que la vie d'hôtel, vous ne voudriez pas que j'y reste une minute de plus.

Réfléchissez bien à ce que je viens de vous dire. Vous devez me considérer comme sérieux, je crois que vous n'avez rien à me reprocher pour la conduite. Si je vous demande ces choses, c'est qu'il le faut.

Je pense bien à vous et vous embrasse de tout mon cœur.

Louis.

3 *Novembre 1896.*
8, Rue des Mauvais Garçons

Chers parents,

J'ai changé de logement hier. J'habite maintenant rue des Mauvais Garçons au numéro 8. C'est à un cinquième : j'ai une petite chambre propre donnant sur la rue et qui a même un balcon. Je ne puis pas vous dire définitivement comment je m'y trouve puisque cette nuit est la première que j'y ai passée. En tout cas c'est à deux pas de mon bureau.

Je souhaite une bonne fête à mon père, et j'espère que tout ce qu'il désire se réalisera.

Vous me demandez ce que je fais à mon bureau ? Je vous l'ai déjà dit : je reçois les demandes d'autorisation d'éclairage au gaz ou à l'électricité. Je les enregistre et je les donne aux piqueurs qui vont visiter l'installation. Après quoi j'envoie la permission d'éclairage.

J'enregistre aussi les feuilles de fouilles. Il est souvent nécessaire de faire des fouilles sur la voie publique pour réparer des conduites de gaz détériorées. C'est les feuilles de ces fouilles que j'enregistre et que je donne aux piqueurs qui iront voir les travaux.

J'ai vu Couppry et Baptiste Duceau dernièrement. Léon Duceau doit me photographier dimanche prochain. J'ai vu des portraits qu'il a fait avec son nouvel appareil, ils son très beaux.

J'ai acheté un pardessus. Il est très chaud et en bon drap. Je crois qu'il me va bien. D'ailleurs le besoin s'en faisait sentir, parce que le temps devient frais.

J'ai touché mon mois, 118 fr. 75, puisque de mes 125 francs il faut déduire une retenue pour la retraite. Je vais toucher bientôt 15 fr. 60 d'heures supplémentaires. Je prends mes repas à un restaurant de la rue des Mauvais Garçons où vont plusieurs de mes camarades de bureau. On est très bien et on paye 24 sous par repas. On a un potage, un plat de viande, un légume et un dessert. La cuisine est meilleure que celle ordinaire des restaurants.

Pour plus amples détails de ma vie, voici : je vais au bureau à 10 heures moins un quart (je me lève vers 9 heures). Je vais déjeuner vers midi moins un quart, et je rentre à 1 heure un quart, pour quitter entre 5 heures et demie et 6 heures moins un quart. Le soir, je travaille ou je sors.

On n'est pas avare de congés. C'est ainsi que nous avons eu trois jours de congé pour les fêtes russes, et hier, jour des morts, nous n'avons pas travaillé non plus.

Je suis en très bonne santé, et j'espère et je souhaite vivement qu'il en soit ainsi de vous.

Rondet et Bardon que j'ai vus quelques jours avant leur départ ont dû vous donner de mes nouvelles. J'ai vu aussi Alexis Rodier et Éléonore Boisvieux.

Je vais écrire à Louise aujourd'hui ou demain. Jusqu'ici j'ai eu tellement d'occupations de toutes sortes que je n'avais pas pris le temps de lui écrire.

Je vous embrasse bien fort.

Louis.

Paris, le 19 Novembre 1896.

Chers Parents,

Je suis bien habitué à ma chambre. Elle est située au cinquième et donne sur la rue. Il y a même un balcon qui à bien trois mètres de large, mais qui n'est pas d'une utilité ni d'un agrément considérables par ces temps frais. Mon mobilier se compose de deux chaises, d'une table de nuit, d'un lit, d'une armoire à glace et d'un poêle. J'ai déjà fait du feu, c'est un feu de charbon, et ça n'est pas si coûteux qu'on pourrait le croire. J'achète un sac de cinquante kilos de charbon de terre, je paie 47 sous et on me le porte à domicile. Avec ce sac, j'ai de quoi me chauffer pendant au moins trois semaines.

16

Le difficile est d'allumer le feu. Mais avec deux sous de petites bûches enduites de résine et deux sous de charbon de bois j'ai de quoi allumer du feu pendant une huitaine.

J'ai aussi fait l'acquisition d'une lampe à pétrole pour 21 sous. Comme je travaille beaucoup le soir, un litre de pétrole qui coûte 11 sous ne me fait guère plus de trois ou quatre soirées.

Ma vie est donc à peu près arrangée matériellement.

Il y aura des examens de conducteur des Ponts-et-Chaussées le 5 avril. Ceux d'entre nous qui sont reçus reçoivent une nomination de conducteur municipal. Je vais me présenter, et en ce moment tout mon temps est pris par la préparation. Tous les soirs, jusqu'à minuit ou une heure, j'étudie. Néanmoins, je doute fort du succès, car je ne suis pas fort en dessin, et n'ai pas le temps d'en faire suffisamment pour être à hauteur de l'examen ; en nivellement et lever de plan, c'est la même chose. Tant pis ! En tout cas, si cette fois-ci je ne réussis pas, peut-être serai-je plus heureux la fois suivante.

Mes heures supplémentaires ne m'ont pas été payées ce mois-ci, elles ne le seront qu'au mois de décembre, car il y a toujours un retard d'un mois.

J'ai vu Léon et Baptiste Duceau dernièrement et Léon m'a photographié, mais les photographies ne sont pas terminées. Je pense que ce sera bientôt fini.

J'ai écrit à Louise dernièrement, elle ne m'a pas encore répondu.

J'allais oublier de vous dire le prix de location de ma chambre, c'est 27 francs par mois, et comme il y a un garçon qui fait les chambres, il faut que je lui donne 2 francs de pourboire par mois pour que ma chambre soit bien tenue.

Je n'ai pas le temps de m'ennuyer, mais je pense bien souvent à vous et à Cérilly. Parlez-moi du départ et de la destination des conscrits, de Georges surtout.

Dites bien le bonjour aux amis.

Je vous embrasse bien fort.

Louis.

22 Février 97.

Chers parents,

J'ai reçu vos dix francs : ils m'ont été bien utiles, et je vous en remercie de tout mon cœur. Pour le mois de mars tout ira bien, je vais toucher samedi prochain mes 118 fr. 75 et huit ou dix jours après, je toucherai mes heures supplémentaires du mois de janvier.

J'ai un peu tardé à vous écrire, parce que je n'avais rien d'intéressant à raconter. J'ai eu mal aux dents toute la semaine dernière et j'en ai été bien agacé. Maintenant ça va beaucoup mieux.

18

A SA MÈRE

J'ai passé, il y a dimanche huit jours, la journée avec
Marmion. Le métier militaire le change beaucoup, il n'a
plus cette conversation intéressante qu'il avait autrefois. De toutes les personnes que vous connaissez, il
n'y a guère que lui que j'aie vu pendant ces derniers
temps.

Clément, qui est venu me voir l'autre jour avec Meilleroux, m'a dit qu'il devait arriver à Cérilly demain mardi
et y passer quelque temps. Il vous contera mon installation, vous le questionnerez sur ma chambre, sur mon
restaurant, sur mon quartier. Je ne sais pas quand il
reviendra à Paris. Meilleroux m'a dit que Georges était
malade d'une fluxion de poitrine et qu'en ce moment
il se trouvait à Meaulne en permission. Est-vrai? Donnez-moi donc de ses nouvelles. Son père va sans doute
essayer de le faire exempter du service militaire.

Voilà bien longtemps que je n'ai pas vu Baptiste
Duceau et Louis Couppry. Je sors assez peu.

Y a-t-il longtemps que Louise et Léon sont allés à
Cérilly, et y a-t-il longtemps que vous êtes allés à Bourbon? Ces deux pays de Cérilly et de Bourbon me sem-
blent être à mille lieues d'ici, et je m'imagine que je les
ai quittés voici longtemps, longtemps...

Mais le printemps va venir, ensuite ce sera l'été, et
puis le mois de septembre où je pourrai vous embrasser
de tout mon cœur, comme je le désire. Je ne tarderai
pas tant à vous écrire cette fois-ci, mais le mal de
dents de la semaine dernière m'avait mis dans un état

nerveux tel que je ne pouvais rien faire que me plaindre.

A bientôt, et en attendant, je vous embrasse très fort.

Louis.

P. S. — Vous me demandez si j'ai porté souvent mon complet : je le prends presque tous les dimanches, et en semaine j'ai mon paletot et mon gilet noir rayé, et mon pantalon d'étoffe, la grosse culotte.

20 Mai 1897.

Chers parents,

J'ai bien tardé à vous écrire parce que j'attendais quelque chose de définitif au sujet de mon congé. J'en ai parlé à mon chef de bureau qui m'a dit que, quoique un de mes collègues fasse ses vingt-huit jours au mois de septembre, on pourrait s'arranger. Je prendrai sans doute mon congé au mois d'août ou au mois de se p tembre, et ça me plaît beaucoup mieux. S'il ne tenait qu'à moi, je serais à Cérilly au moment du 18 septembre. Je n'aurai sans doute que quinze jours. Il est vrai qu'on s'occupe en ce moment de nous faire avoir un mois, mais je ne sais pas si on arrivera à bien.

J'ai eu un grand plaisir dimanche soir. Louise m'a envoyé un paquet qui contenait une frangipane, des

biscuits et du chocolat. Le tout était parfaitement délicieux et je me suis régalé comme il y a longtemps que
ça ne m'était pas arrivé.

J'espère que Louise va bientôt m'écrire pour me conter les fredaines de mon père pour la Sainte Croix. Je le
préviens que s'il n'a pas été sage je le mettrai à l'amende,
et à une forte amende. Ça lui apprendra.

J'ai beaucoup pensé à vous le jour de la Sainte-Croix,
et que j'aurais voulu être là-bas et vous embrasser! Je ne
me suis pourtant pas trop ennuyé ce jour-là, mais j'aurais mille fois préféré être avec vous.

J'ai dîné dernièrement chez M. Laurent, je le vois
toujours de temps à autre et il est bien aimable avec moi.

Je ne sors pas beaucoup, je passe mes soirs à lire et à
travailler, et dans ces moments-là je ne m'ennuie pas.

Il n'y a pas énormément de travail au bureau maintenant, et nous jouissons d'une grande liberté. Ainsi je
vous écris cette lettre du bureau. Les fenêtres de mon
bureau donnent sur la place Baudoyer. Il y a des arbres,
il passe beaucoup de monde, il fait très clair, et c'est
gai. Nous sommes à l'entresol.

Il faut m'excuser si je ne vous écris pas souvent. La
vie que je mène est assez monotone, elle est d'ailleurs
très bien remplie, ce qui fait que le temps ne me dure
pas. Aussi, il y a parfois trois semaines que je vous ai
écrit et je m'imagine qu'il n'y a que quinze jours. Souvent je me le reproche, je songe que mes lettres sont un
grand événement dans votre vie, il faudrait bien qu'elles

fussent plus fréquentes. Si vous le désirez, je vous écrirai régulièrement tous les quinze jours.

Écrivez-moi bientôt, chers parents. Qu'y a-t-il de nouveau au pays ? Georges est-il toujours soldat ? Les filles et les garçons se marient-ils... Dites bien le bonjour pour moi au père et à la mère Galand, et à tous les amis.

Et vous, chers parents, je vous embrasse bien tendrement.

Louis.

31 Janvier 1898.

Mon cher père,

Je vais aller demain matin à 9 heures 30 à la consultation de l'hôpital Saint-Louis. J'ai pris rendez-vous avec ce garçon que je connais et qui est externe à cet hôpital. Il doit me montrer à un médecin, et comme je lui serai présenté, ce médecin m'examinera très sérieusement. Je ne souffre pas du tout maintenant, mais je crains beaucoup que ça ne soit grave. Je verrai ce qu'on me dira à Saint-Louis, je ne sais pas si on m'opérera demain, je ne sais rien, mais je me rangerai à l'avis de ce médecin.

Pour le payement de mon mois, tout ira bien. Ce vieux médecin de l'Administration est un sale individu, mais heureusement n'a aucun pouvoir sur nous. J'ai parlé de cela à plusieurs camarades, et de toutes façons, je serai payé, et intégralement.

J'espère que tu n'auras prévenu ni maman ni Louise, c'est inutile de les inquiéter maintenant puisqu'il n'y a rien de très grave.

J'espère que la pauvre Louise va se guérir bientôt.

Je t'embrasse.

LOUIS.

Paris, le 16 Mars 1898.

Chers parents, mon voyage s'est effectué dans d'excellentes conditions et je n'ai pas eu trop à me plaindre de la fatigue qui en était résultée.

J'ai repris mon service lundi. Il y avait un peu de besogne en retard, de sorte que j'ai maintenant beaucoup de travail, mais je serai bientôt au courant.

Ma santé générale est toujours excellente, et je crois même que je suis en train d'augmenter les douze livres que j'avais prises à Cérilly. J'ai le ventre enflé, mais pour le durillon qui est à côté de mon ancienne glande, je ne puis rien vous dire de précis : il est à peu près gros comme à Cérilly et il ne me fait plus souffrir.

J'ai acheté 2 litres d'huile de foie de morue blonde ; on me l'a vendue 2 francs le litre, elle est peut-être plus épaisse que celle que je buvais chez nous, et elle a un peu meilleur goût. Je prends chaque matin mes neuf cuillerées avec un grand courage. Je continue aussi les trois gouttes de teinture d'iode.

Je suis descendu à mon ancien hôtel, mais pour le moment je n'ai pas la même chambre qu'autrefois. Je ne dois l'avoir que lundi prochain, et comme je la préfère à ma nouvelle chambre, j'attends ce jour assez impatiemment.

Je ne vous parle pas de mes nouvelles habitudes : il y a trop peu de temps que je suis à Paris pour que j'aie eu le temps d'en prendre. Les deux premières nuits j'ai été empêché de dormir par tout le fracas des voitures, mais la nuit dernière, je me suis couché à 9 heures et j'ai dormi comme un ange en faisant le tour du cadran.

Écrivez-moi bientôt et donnez-moi des nouvelles de Louise. Demain c'est la mi-carême et nous allons avoir congé au moins pour l'après-midi.

Je pense bien à vous. Je vous embrasse de tout mon cœur.

Louis.

Paris, le 17 Octobre 1898.

Mes chers parents,

J'espère que vous n'avez pas été inquiets sur mon compte au sujet de toutes ces grèves qui avaient lieu à Paris et au sujet des troupes qu'on envoyait pour maintenir le calme. La mairie du quatrième arrondisse-

ment était occupée par des fantassins et des dragons
qui allaient par groupes de cinq, faire des patrouilles
dans la rue, mais comme les grévistes étaient bien cal-
mes, il n'y a rien eu. Aujourd'hui tout est à peu près
fini, les terrassiers ont repris leur travail et les soldats
sont partis.

J'ai reçu ma nomination pour aller aux égouts, mais
je ne puis quitter mon service avant l'arrivée de mon
remplaçant. Comme dans les administration on n'est
jamais pressé, je ne sais pas du tout quand je pourrai
aller à mon nouveau bureau. C'est même très embêtant
parce que le temps passe et je ne fais pas d'heures supplémentaires. Enfin, j'espère tout de même que çà viendra.

J'ai reçu ce matin une lettre de Meilleroux Sigismond
qui a une place de pharmacien, à Paris, et qui doit arriver vendredi matin.

Je suis bien portant pour le moment. Je prends toujours mes trois gouttes de teinture d'iode et j'attends le
mois de novembre pour me remettre à l'huile de foie de
morue.

Donnez-moi des nouvelles de ma petite Louise. J'espère qu'elle va plutôt mieux que plus mal et je voudrais
bien qu'elle puisse se guérir cet hiver. Pauvre petite, je
l'aime bien et je pense souvent à elle. Je pense que Léon
va toujours bien.

Je n'ai pas beaucoup de nouvelles à vous apprendre.
Je ne vois personne de Cérilly. Dites-moi donc dans

votre lettre si Antonin a trouvé une place à Paris. Il a eu tort de ne pas venir me voir. Je ne peux rien pour sa place, mais enfin j'aurais pu lui donner quelques bons conseils.

Et Georges Vachée, comment va-t-il ? Ne manquez pas de m'en donner des nouvelles.

Je vous quitte, mes bons vieux. Tous les jours je pense à vous avec bien de la tendresse. J'espère que vous n'êtes pas malades et que vous n'avez pas d'ennuis. Je vous aime de tout mon cœur et je vous embrasse bien fort.

Votre

Louis.

Paris, le 12 Décembre 1898.

Chers parents,

Je suis bien installé dans mon nouveau service et je ne m'y trouve pas trop mal. Pour le moment j'ai même moins de travail qu'à mon ancien bureau et comme j'y gagnerai plus d'argent, tout est donc pour le mieux. Je sors le soir vers 6 heures ou 6 heures moins un quart et même plus tôt si ça me plaît. Je jouis d'une assez grande liberté comme là-bas, et mes chefs ne sont pas ennuyeux. Mon service est plus agréable qu'avant. Ainsi vous voyez que je suis content.

Ma santé n'est pas mauvaise du tout, j'ai bon appétit,

A SA MÈRE

mais la cuisine de mon restaurant n'est pas bien fameuse.

Comment va la petite Louise ? Je pense à elle sou-vent et je voudrais bien la savoir guérie. Je lui enverrai, comme à vous d'ailleurs, des étrennes auxquelles elle ne s'attend pas et qui lui feront plaisir, je l'espère. Vous verrez ça.

Cette lettre va sans doute vous mettre en colère. Je veux vous demander de m'envoyer 10 francs. Le mois dernier j'ai été obligé de les envoyer à un ami. Il a fallu que je les lui rende pour la paye, ce qui a mis mes finances dans un très mauvais état. Il ne me reste plus que 20 sous au moment où je vous écris. Je ne vous demande pas de me les donner ces 10 francs, mais de me les prêter. Je vous les rendrai, je vous le promets, quand je toucherai mes heures supplémentaires, c'est-à-dire aux premiers jours de *février*. Si vous ne me les prêtez pas, je ne sais pas du tout comment je pourrai faire.

Ma vie est toujours tranquille. Je travaille assez bien et je ne m'ennuie pas trop. J'ai appris la mort de Georges et ça fait toujours de la peine de voir mourir un jeune homme qu'on a connu intimement. Que devient la Fau vette dans toutes ces histoires-là ?

Racontez-moi bien les nouvelles du pays.

Je vous quitte, chers parents, dans l'espoir que vous voudrez bien me rendre le service que je vous demande.

Je vous embrasse de tout cœur.

LOUIS.

LETTRES

Paris, le 30 Janvier 1899.

Mes chers parents,

Je ne me figurais pas qu'il y avait si longtemps que je vous avais écrit, et c'est hier seulement que je me le suis rappelé. Mais je vous l'ai déjà dit plusieurs fois, quand je reste si longtemps sans vous écrire, il ne faut jamais être inquiets. Vous savez bien que dès que je suis malade ou dès que j'ai un accroc je vous préviens immédiatement. Je pense que vous êtes aussi en très bonne santé.

Le froid est revenu depuis quelques jours et il a fallu rallumer les poëles éteints. Aujourd'hui il neige et l'humidité pénètre. Je ne me plains pas de ce temps-là puisqu'il ne m'incommode pas.

Dans mon bureau je suis chauffé par un feu de charbon dans la cheminée et ça chauffe beaucoup. J'ai le dos au feu et le ventre à table. Je ne me plains pas du tout pour le moment, de mon nouveau service. On n'arrive jamais avant 9 heures et demie le matin. On va déjeuner à midi et on rentre vers 2 heures moins un quart. Le soir on sort aux environs de 6 heures. Pour les heures supplémentaires, j'ai touché ce mois-ci 46 fr. 40, mais je ne sais pas si je pourrai toujours en toucher autant parce qu'on vient d'unir le service des égouts à celui de l'Assainissement des habitations, et ça va sans doute faire du changement. J'ai pour principe de ne me désoler qu'une fois que le malheur est venu.

A part ça, il n'y a pas grand'chose de nouveau. Pour mon livre (1), on m'a fait d'excellents articles dans les revues et j'ai reçu un grand nombre de lettres. Vous verrez ça quand j'irai à Cérilly. Mais je suis bien content surtout parce qu'il vous a plu.

Mon existence est toujours la même. Le soir je me chauffe et je travaille. Quelquefois je vais chez des amis, mais en résumé je ne m'ennuie pas trop.

Et ma petite Louise, comment va-t-elle? Je lui écrirai certainement dans le courant de cette semaine. Ont-ils bien vendu pour le jour de l'an, et Léon est-il toujours gai et bien portant ?

Donnez-moi des nouvelles de Cérilly. Le mariage de Gilberte va-t-il se faire. Mon grand copain de Moulins qu'on appelait Titi est venu me voir hier soir. Il y a quatre ans et demie que nous ne nous étions pas vus. Il est dans les chemins de fer, à Lagny, la gare où travaille Saint-Laurent de Mahis.

Je ne vois pas autre chose à vous dire. Je vous embrasse bien fort. Vous savez que je vous aime de tout mon cœur.

Louis.

P. S. — Mes amitiés à Déret quand vous le verrez. Je suis bien content qu'il soit entré chez M. Dutremblay.

(1) La Mère et l'Enfant.

J'ai vu Angot dernièrement. Il m'avait dit qu'il irait vous voir. L'avez-vous vu ? Il vient de passer ses derniers examens et il cherche un fonds de pharmacien.

Paris, le 25 Mars 1899.

Chers parents,

Je sors aujourd'hui même d'être malade, mais sans aucun danger. C'est une fluxion comme j'en ai tant eues, qui m'a gardé trois jours enfermé dans ma chambre. Je devais me faire monter à manger. Enfin ce matin j'ai repris mon travail, et je vous écris de mon bureau.

Il continue à faire froid et l'on se ruine en charbon. Le temps est très malsain et beaucoup de personnes, à Paris, en souffrent. J'ai des amis et des camarades de bureau, en assez grand nombre, qui sont alités.

Mais vous, mes chers parents, j'espère que vous n'avez pas été indisposés. La maman est-elle toujours à Bourbon, chez la fille, en train de faire ses vingt-huit jours ? Ça doit commencer à se tirer.

Comment va-t-elle, ma petite Louise ? L'on n'a pas dû avoir chaud aux doigts ces temps derniers, mais j'espère que son dévouement à la patrie lui aura suffisament chauffé le cœur pour que son cœur lui chauffe les doigts. Malheureusement j'ai été momentanément gêné et je n'ai pas pu, comme je l'aurais voulu, lui envoyer de quoi boire à l'ombre du drapeau. Ce sera pour une autre fois..

Mais mon père a dû bien s'ennuyer tout seul. Comment as-tu trouvé mon livre, mon père ? J'ai eu beaucoup de succès ici, je t'assure. Quand j'irai à Cérilly je te montrerai les articles de journaux et de revues qui ont paru là-dessus et les lettres que j'ai reçues. Il y a eu des choses qui ont été traduites en italien et en allemand.

Il y a longtemps que je n'ai vu personne de Cérilly. Antonin m'a écrit l'autre jour d'aller le voir mais je n'ai pas pu. J'irai le voir bientôt pour savoir comment il est installé.

Écrivez-moi bientôt et racontez-moi les nouvelles de Cérilly. Est-ce vrai que les Burlot aient fait banqueroute comme l'annonçait maman dans sa dernière lettre ?

J'oubliais de vous dire que je vais faire faire mon portrait tout prochainement et que vous le recevrez. Vous allez voir comme j'ai embelli depuis que vous m'avez vu. Il est vrai que j'en avais besoin. Au revoir, chers parents. Je pense bien souvent à vous et je vous aime de tout mon cœur.

Votre

Louis.

12 Juillet 1900.

Chers parents,

J'ai reçu les 6 fromages de chèvre que m'a envoyés Louise, je les ai mangés et les ai trouvés très bons. Je vois que vous avez de bonnes idées, de temps à autre.

Devez-vous toujours prendre la Jeannette le 8 août ? Je serai vraiment content de la voir au mois de septembre. Quant à mon ami, comme je vous l'avais dit, il n'est pas bien certain encore qu'il ira à Cérilly parce qu'il faut qu'il obtienne un congé de deux mois à son administration et il ne sera sûr de l'avoir que quand on le lui aura donné. Il travaille au ministère du Commerce.

J'ai écrit à Louise pour la remercier des fromages. Elle vous en aura sans doute parlé. Je lui annonçais que je fais pousser ma barbe pour voir quel effet ça fera. Elle est beaucoup plus abondante que j'aurais cru et sans doute je la laisserai. De cette manière j'arriverai à être un beau jeune homme qui fera honneur à sa famille.

Pendant que j'y pense, dites-moi si M. Demahis est à Cérilly, parce que je veux lui envoyer mon livre dès maintenant. Je pense que vous n'y verrez pas d'inconvénients.

Il fait un temps bien chaud et pendant lequel on aimerait être à la campagne. Le quatorze juillet se prépare et si j'en tirerai l'avantage d'une journée de congé, du moins y aura-t-il un tel vacarme que j'en suis ennuyé par avance. Vous ne vous faites pas idée de ça à Cérilly.

Je ne sais pas si c'est vrai que Léon Duceau se marie. Je ne vois toujours personne de Cérilly. La veuve Couppry est-elle de retour ? Je ne l'ai pas vue.

32

Je ne sors pas beaucoup. Il fait bien chaud pour aller à l'exposition. J'attends le mois de septembre.

Je vous embrasse bien fort.

Louis.

29 Novembre 1900.

Chers parents,

Je suis bien content de ce que vous dites de la petite Jeanne. J'espère qu'elle continue à grandir et à occuper sa bonne d'enfant. Je pense que vous êtes tous en bonne santé. Pour moi ça va très bien aussi, malgré le temps pluvieux que nous avons eu ces jours-ci. Qu'y a-t-il de nouveau à Cérilly ? Parlez-moi des mariages et des naissances.

L'Exposition est tout de même finie et nous allons commencer à être tranquilles. Il n'y a rien de nouveau pour mon changement de bureau et je ne sais vraiment pas quand ça se fera ni si ça se fera. Je corrige les épreuves d'imprimerie de mon livre qui paraîtra dans la seconde quinzaine de janvier.

J'ai rencontré Baptiste Duceau dernièrement dans la rue. Comme d'habitude il avait son air pressé. Je pense en effet que Léon n'habite plus avec lui parce qu'il me disait, quand je lui en demandais des nouvelles : « Il y a déjà quelques jours que je ne l'ai pas vu. »

Je ne sors toujours guère. Tous les soirs je travaille à mon nouveau roman qni me demande assez de peine. Un écrivain qu'y si connaît a dit dernièrement à un de mes amis que *La Mère et l'Enfant* était le plus beau livre qu'il ait lu depuis dix ans. Enfin on m'en parle encore de tous les côtés.

Écrivez-moi bientôt, dimanche prochain au plus tard. Comme dans la dernière lettre faites-moi bien des détails sur la Jeannette. Y a-t-il longtemps que vous avez vu Léon et Louise ? Donnez-moi de leurs nouvelles. J'espère que Louise est toujours florissante.

Je vous embrasse de tout mon cœur. Embrassez bien la Jeanne pour moi.

Louis.

DEUXIÈME SÉRIE

LETTRES A SA MÈRE

Paris, le 10 Avril 1907.

Ma chère et bonne maman,

Je viens faire avec toi une petite conversation. J'ai fait un bon voyage, je suis arrivé à Paris à 7 heures, et depuis mon départ, pas une minute ne s'est passée sans que ma pensée se porte vers toi.

Je t'aime plus que tout au monde, chère maman, et ma grande douleur depuis que je t'ai quittée est de penser que tu es triste. Pense à tes enfants, dis-toi qu'ils te restent et qu'ils ont pour toi assez d'amour pour que tu sentes bien que tu n'es pas seule au monde. Tout ce qui est arrivé devait arriver un jour. Nous garderons de mon père un pieux souvenir, sa vie nous servira d'exemple. Son portrait sera auprès de moi sur ma table ; bien des fois dans la vie, je me rappellerai ses paroles et elles seront pour moi le meilleur des conseils. Mais il faut se soumettre à la destinée, maman. Il faut accepter la vie et la mort puisqu'elles sont plus fortes que nous.

J'en ai pris mon parti, je vis avec ma douleur. Mais la chose à laquelle je ne pourrais pas m'habituer, ce serait ta tristesse. Il faut employer tout ton courage non pas à oublier, je sais bien que ni toi ni moi ne pourrions le faire, mais à t'occuper, à penser à ta vie et à la nôtre, à te dire qu'il te reste encore du bonheur sur la Terre puisque ma sœur et moi nous t'aimons de tout notre cœur.

Tu ferais tant de peine à ton Louis si tu n'étais pas courageuse, ma bonne maman. Je ne pourrais pas accepter la pensée que tu te consumes de chagrin. Non, je ne le pourrais pas. Il faut que je sache que ma maman se tient bien droite, qu'elle a pris son parti de l'inévitable et qu'elle vit dans la paix avec la pensée de ses enfants qui l'aiment.

Je te ferai envoyer ta lampe et ta cafetière demain. Pour la lampe on m'a indiqué quelque chose de bien que tu accrocherais à un clou, tu pourrais la régler, la flamme ne tremblerait pas, et il y aurait un petit globe qui ferait la lumière très douce. Enfin je vais me renseigner encore. Si c'est celle à laquelle je pense que je t'envoie, il y aura un petit papier indiquant la manière de s'en servir. Tu te le feras bien expliquer, ça n'est pas difficile du tout, et c'est bien commode.

Au revoir, ma bonne maman. Je t'écrirai au moins tous les huit jours. Je t'aime de tout mon cœur, je pense à toi sans cesse. Le mois de septembre viendra bien vite. Je serai auprès de toi. Je t'embrasse bien tendrement.

Ton

Louis.

Paris, le 10 Avril 1907.

Chère maman,

Je viens de te faire envoyer ta lampe et ta cafetière.

Pour la lampe, tu peux te servir de pétrole ou d'essence, mais il vaut mieux te servir d'essence. Tu accrocheras la lampe au mur. Tu verras toi-même comme il faut la remplir. Pour la régler, tu tournes la galerie dans un sens ou dans l'autre. Je t'ai fait envoyer un petit globe en même temps. On m'a dit qu'il se casserait peut-être en route. S'il se casse, je crois que tu en trouveras facilement un à Cérilly. Du reste la lampe peut très bien fonctionner sans globe. Le globe fait une lumière plus égale et plus douce.

C'est un ami dont la mère emploie depuis dix ans ce système de lampe qui me l'a indiquée. Elle en a toujours été très contente.

Les deux colis n'arriveront pas ensemble. Pour la cafetière, il y aura dedans une espèce de petite mesure qui t'indiquera ce qu'il faut de café. Il y a aussi une petite soucoupe qui sert à poser le filtre quand on l'enlève de dessus le verre. Enfin, tu verras, ma chère maman. Je

pense bien à toi. Tu me diras comment tu t'es arrangée
pour la nuit.

A bientôt, chère maman. Je t'embrasse de tout mon
cœur qui t'aime.

Louis.

Paris, le 16 Avril 1907.

Ma chère et bonne maman,

Je pense bien à toi. Vos deux portraits sont en face
de moi sur la table où je t'écris. De mon père il me reste le plus tendre et le plus fidèle souvenir. Son portrait
est si ressemblant que je le vois comme il était. Et pour
toi, ma bonne maman, je me dis que nous ne sommes
pas bien éloignés l'un de l'autre, que nous passerons
bientôt un mois ensemble et que je ferai tout mon
possible pour te rendre heureuse.

J'espère que tu es bien calme et bien courageuse et
que la pensée que tu as de tes enfants te fortifie quand
la tristesse te vient. Tu sais bien que je serai toujours
pour toi un bon fils, que je ne te manquerai jamais
quand tu auras besoin de moi et que ta tendresse est
mon trésor le plus précieux.

As-tu vu Dérét pour le certificat du juge de paix qu'il
te faut pour toucher ton livret? Je pense que de ce côté-
là tout va bien.

A SA MÈRE

Pour la tombe, je ne me rends pas bien compte de ce qu'elle peut être, mais fais à ton goût, ce sera très bien. Garde-moi les cheveux pour le mois de septembre, je les prendrai en revenant.

Nous n'avons pas loué à la campagne cette année. Nous n'etions pas assez nombreux pour garder la même maison. Quand le beau temps viendra, j'irai de temps en temps passer un jour ou deux dans un endroit ou dans un autre.

Je t'écrirai bien souvent, ma chère maman, de cette façon le temps passera plus vite en attendant que j'aille te voir. Je voudrais te rendre bien heureuse, même quand je suis ici, en t'envoyant le meilleur de mes pensées. Je voudrais que tu ne sentes pas du tout mon absence. Dis-toi toujours, à tout moment où tu penses à moi que je pense aussi à toi.

Je suis bien content que la veilleuse te plaise. Je craignais que tu ne la trouves un peu compliquée. Si tu as besoin de choses de ce genre que je puisse trouver à Paris, tu n'as qu'à me le dire.

Tes soirées ne sont-elles pas trop longues ? Ne te trouves-tu pas trop seule ? Dis-moi comment tu t'arranges ? Il me semble que je te vois. Je sais qu'à t-elle heure tu fais telle chose.

Embrasse bien ma cousine pour moi. Si tu vois M. le curé veux-tu lui dire que j'ai fait remettre sa lettre non pas à la personne à qui je pensais, mais à quelqu'un de bien plus influent. Dès que je saurai quelque chose je lui écrirai. Et je verrai moi-même la personne dont je lui avais parlé à Cérilly.

Au revoir, ma petite maman, j'arrête pour aujourd'hui ma conversation. Mais je la reprendrai bientôt.

Je t'embrasse comme je t'aime de tout mon cœur.

Ton

LOUIS.

Paris, le 27 Avril 1907.

Ma chère maman,

J'ai bien pensé à toi depuis ma dernière lettre. Ne te tourmente pas trop, ne te rends pas malade, pense à moi quand tu seras triste et dis-toi que ton Louis possède assez de tendresse pour que tu ne te sentes pas seule et pour que tu puisse encore avoir des jours heureux. Je te dis toujours la même chose parce que c'est la chose à laquelle je pense toujours.

J'ai bien peur que la Louise ne t'écrive des lettres démoralisantes. Sois plus forte qu'elle, tu as l'esprit solide, fais comme moi, pense à mon pauvre père qui est mort, mais pense surtout à ceux qui te restent et qui ont besoin de ton affection.

J'espère que tu es bien guérie, que ta vie est aussi tranquille qu'elle peut l'être. Dis-toi que dans quatre mois je serai auprès de toi. Nous passerons un mois ensemble, nous vivrons côte à côte, tu sentiras une fois de plus que je t'aime de tout mon cœur.

Dis-moi si tu as touché le montant de ton livret. Envoie-moi le dessin de la tombe de mon père. Je ne me rends pas bien compte de ce qu'elle est. Fais-là bien belle. C'est tout ce que nous pouvons pour lui maintenant. C'est le dernier devoir que nous puissions lui rendre. Il faut faire tout ce que tu pourras.

Je t'ai dit que nous n'avions pas loué notre maison de Carnetin cette année parce que nous n'étions pas assez nombreux. Mais moi j'irai de temps en temps passer un jour ou deux dans des endroits que je connais et où je serai tranquille.

Je te quitte pour aujourd'hui, ma bonne maman. Je t'écrirai bientôt. Embrasse ma cousine pour moi.

Je ne cesse pas de penser à toi parce que je termine ma lettre. Au revoir, chère maman. Je t'embrasse bien tendrement.

Louis.

Paris, le 2 Mai 1907.

Ma chère maman, je viens de terminer ma soirée de travail et je veux finir mon jour auprès de toi.

J'ai reçu le dessin de la tombe de mon père. Je la trouve très bien, et c'est un peu comme ça que je me la figurais d'après ce que tu m'en avais dit. Tu me diras quand elle sera posée tout à fait.

LETTRES

Je pense à toi tous les jours, ma chère maman. Où
que je sois, dans la rue, au bureau, avec des amis, chez
moi, je m'interromps dans mes occupations pour
t'adresser mes meilleures pensées. Je voudrais que tu
sentes que tu n'es jamais seule.

Je travaille à un nouveau livre qui sera sur mon père.
Je ne te l'avais pas dit encore. Du reste il n'en est qu'au
commencement. Je suis sa vie pas à pas, il me semble
que je l'accompagne, je retrouve ses idées, ses façons de
voir les choses. Il me sert de guide, je me rappelle tout
ce qu'il me racontait. On n'est pas mort tout entier
quand on a laissé aux siens de pareils souvenirs.

Tu sais, mon ami Michel, qui m'avait écrit cette lettre
que tu as gardée. Il vient aussi de perdre son père. Il est
mort en moins de deux jours d'une congestion céré-
brale. Il avait 71 ans. On l'a enterré hier.

Surtout, maman, ne te fatigue pas à Bourbon. Il faut
au contraire que ce voyage soit pour toi un repos et
qu'il change le cours de tes idées. Dis-moi quand tu seras
arrivée pour que je t'écrive tout de suite là-bas. J'écrirai sans doute à la Louise d'ici là. Pauvre Louise, elle
m'a écrit une lettre en me disant qu'elle était bien triste.
Tu remonteras un peu ses idées puisque c'est toi qui
as le plus de courage. Tu les embrasseras bien tous les
trois pour moi en arrivant.

Tu me dis, ma chère maman, que quand j'étais petit
et que je souffrais, tu souffrais avec moi. Tu sais bien
que je t'aime davantage pour tout cela. Quand j'écrivais

44

A SA MÈRE

La Mère et l'Enfant je me le rappelais avec amour. Il y a longtemps, je puis dire toujours, tu es pour moi ce que j'ai de plus précieux au monde.

Au revoir, ma chère et bonne maman. Je vais aller me coucher. Il n'a pas fait beau temps tous ces jours-ci. Ce soir, il pleut encore, mais il fait un peu plus doux et je n'ai pas allumé de feu.

Je t'embrasse bien tendrement. Je voudrais apporter toutes les consolations à ton cœur.

Louis.

Dimanche 12 Mai 1907.

Ma chère et bonne maman, bien que je sache que cette lettre ne partira que demain, puisque la poste est fermée, je t'écris aujourd'hui. Il fait chaud comme en été, le temps est un peu orageux, je pense aux beaux dimanches que je passais auprès de toi quand j'étais un petit garçon. La vie nous a bien changés depuis, mais je retrouve mon cœur comme il était, il a pour toi la même affection naïve et tendre.

Tu me dis, ma chère maman, que mon père ne voulait pas que je fasse un livre sur lui. Ce livre je l'avais déjà commencé avant sa mort, et il n'était pas tout à fait ce que mon père aurait pu croire. Je tire de sa vie le bel exemple qu'il m'a donné, mon père ne pouvait pas m'empêcher de penser qu'il avait toujours accompli son devoir

45

et de l'exprimer à ma façon. Je suis bien sûr d'ailleurs qu'il aurait accepté avec orgueil et avec joie l'hommage que je lui en aurais fait, et la chose surtout qui l'aurait frappé, c'est qu'il aurait compris que j'avais écrit ce livre parce que je l'aimais de tout mon cœur. Je voudrais que ce livre soit un beau livre et qu'il apprenne à ceux qui le liront qu'un homme loyal et courageux qui était mon père a vécu une vie de travail.

Ne te fatigue pas trop à Bourbon. Repose-toi auprès de tes enfants, prends le plus que tu pourras de goût à la vie, c'est à cela que doit te servir ton voyage là-bas.

Écris-moi toi-même, j'aime ton écriture, j'aime tout ce que tu me dis, tes lettres sont pour moi comme si tu me faisais une petite visite.

Embrasse bien la Louise et Léon pour moi. Comment vont-ils ? Fais-moi bien des détails. Dis à la Jeanne que je lui enverrai des cartes postales. Mais je n'avais guère le cœur à le faire. Elle écrit très bien maintenant. Tu lui feras des compliments. Mais ce que je lui demande surtout pour le moment c'est de bien t'aimer et de ne pas se montrer trop exigeante.

J'ai vu Guillaumin deux fois et je dois encore dîner avec lui ce soir. Il doit passer à Bourbon mercredi matin. Je lui dirai d'aller vous voir.

Je suis en très bonne santé, un de ces jours j'irai faire un tour à la campagne pour me reposer de Paris où il commence déjà à y avoir bien de la poussière.

Au revoir, ma chère maman. J'espère que tu n'auras

A SA MÈRE

pas été chagrinée parce que je t'ai écrit un jour plus tard que d'habitude. J'étais bien occupé et je te savais à Bourbon où tu as bien des consolations.

Je t'embrasse bien tendrement.

Louis.

Embrasse bien tout le monde pour moi.

Paris, le 19 Mai 1907.

Ma chère et bonne maman, je viens achever auprès de toi mon jour de Pentecôte. Il fait bien froid, mon feu est allumé, je me suis chauffé comme en plein hiver. Si demain il faisait beau, j'irais à la campagne, mais demain ne s'annonce pas en beau.

Tes lettres me font bien plaisir, chère maman. Je les lis avec tant d'attention que du premier coup je les sais par cœur.

Tu dors auprès de la Jeanne au moment où je t'écris, il est minuit passé. Tu vas dire que je me couche bien tard, mais du moins ceci t'apprendra que je pense à toi, que je veille sur toi quand tu dors.

Il me semble que je vous entends faire la petite conversation avec la Jeanne quand vous n'êtes plus que toutes les deux dans votre chambre. Qu'elle soit bien sage. Qu'elle se rappelle ce que je dois lui apporter au mois de septembre. C'est à la condition qu'elle soit sage.

Reste à Bourbon aussi longtemps que tu le pourras, ça te change de tes tristes idées. La Louise et Léon sont bien bons pour toi, Léon est calme et raisonné et tu ne peux tirer de lui que beaucoup de pensées qui te donneront du courage.

J'espère que la pauvre Louise ne m'en veut pas d'être resté un peu longtemps sans lui répondre. J'attendais que vous soyez tous ensemble pour vous écrire à tous en même temps.

J'ai reçu ce matin une lettre de M. le Curé Cabanoe au sujet de son pourvoi au Conseil d'État. Je viens de lui écrire pour lui expliquer ce que j'ai fait. Pauvre homme, je ne sais pas s'il arrivera au résultat qu'il espère. En tout cas un ami que j'ai vu et une personne à laquelle j'ai fait parler ont promis de s'en occuper.

Tu as dû aller aujourd'hui à Vieure et à Buxières. Raconte-moi ton voyage. Comment va ma tante ? La Jeanne a dû être bien à la fête de t'accompagner partout.

Tu vois, ma chère maman, par la mort de la fille à Charlet que tout le monde a ses peines et que nous sommes beaucoup sur la terre à pleurer la mort des nôtres.

Je pense bien à toi, je regarde souvent ton portrait, nous avons plus d'une fois des petites conversations ensemble en dehors de nos lettres. Je finis pour aujourd'hui. J'attends ta lettre avec impatience. Embrasse bien tout le monde pour moi.

Je t'embrasse bien tendrement, ma chère maman.

Louis.

26 mai 1907.

Chère et bonne maman, comment vas-tu ? Moi, je vais toujours très bien et je t'adresse chaque jour le meilleur de mes pensées. Le mois de septembre s'approche, dans trois mois nous serons l'un près de l'autre. Je voudrais y être déjà pour te montrer bien mieux que dans mes lettres comment je t'aime et quelle place tu occupes dans ma vie.

Le beau temps est revenu. Je pense que tu fais quelques petites promenades le soir avec Jeanne et la Louise. J'ai bien peur qu'en arrivant à Cérilly tu ne sois triste parce que tu te trouveras toute seule. Ne manque pas de me dire le jour de ton retour pour que je t'écrive dès ton arrivée. Ma lettre te tiendra compagnie.

Je travaille beaucoup à mon livre. Il avance tout doucement. J'espère en être à la moitié pour les vacances. Tu verras, maman, je fais tout mon possible pour que ceux qui le liront puissent aimer mon père comme je l'aimais.

Je sors un peu le soir après dîner. L'après-midi je travaille, et quand j'ai fini je regarde attentivement ton

LETTRES

portrait qui est devant moi. Je me sens tout de suite
les idées reposées.

Au revoir, ma chère maman, embrasse-les bien tous
les trois pour moi. Écris-moi bien vite, raconte-moi ta
vie toujours par le détail. Je t'aime de tout mon cœur et
je t'embrasse bien tendrement.

Louis.

Paris, le 4 Juin 1907.

Ma chère et bonne maman, je ne sais pas pourquoi
j'ai pensé à toi ces jours-ci encore plus que d'ordinaire.
Je pensais au mois de septembre, alors que nous serons
bien près l'un de l'autre et que nous nous tiendrons
chaud au cœur. Il me semble que je ne m'absenterai
guère, que je n'irai pas tant me promener dans la campagne, de crainte de te manquer.

En attendant, maman, je travaille tous les jours tant
que je peux, et lorsque j'ai fini je m'aperçois bien mieux
que ton portrait est là auprès de moi. Tu tiens la première place dans ma chambre.

Comment vas-tu ? Le temps a passé déjà depuis la
mort de mon père, et j'ai vu bien des camarades et bien
des amis qui ont perdu les leurs. Ray vient de perdre
sa mère, il y a dix jours. Tu te souviens, je t'en avais
parlé. Elle comprenait tout ce qu'on lui disait, elle était
libre de ses mouvements, mais elle ne savait plus parler.
Elle est morte d'une congestion pulmonaire.

A SA MÈRE

Je pense à une chose, maman. Si tu devais aller à Moulins ou s'il y avait à Bourbon un photographe, tu devrais bien faire faire encore une fois ton portrait. Je sais bien que tu te dis que nous en avons un qui ne date que de trois ans. Mais moi je suis de ceux qui trouvent que l'on a jamais assez de portraits des siens.

Tu diras à la Jeanne que s'il est vrai qu'elle soit sage comme elle le dit je lui enverrai un autre petit livre. Mais c'est toujours à la condition qu'elle soit sage.

Comment vont la Louise et Léon ? Ils doivent commencer à avoir beaucoup de travail avec la Saison.

J'allais oublier de te dire que j'ai reçu les fromages de chèvre. Je n'en ai encore pas goûté, mais je vais m'y mettre. Je te remercie bien. Je pense que c'est la Jeanne qui m'a envoyé les deux bouchées. Je ne lui ai pas encore envoyé de cartes, mais puisque je lui envoie des petits livres, j'espère qu'elle n'est plus en colère.

Il fait bien du vent ces jours-ci et pas trop chaud. Je ne suis donc pas allé à la campagne, mais ça viendra quand le beau temps voudra.

Je te dis au revoir, ma chère maman. J'embrasse tout le monde. Reste donc à Bourbon tant que le cœur t'en dira. Tu ne m'as pas dit si à Cérilly tout allait bien avec la Marie Ravasson.

Je t'embrasse bien fort et bien tendrement.

Ton

LOUIS.

L E T T R E S

Ma chère et bonne maman, j'ai reçu la lettre que tu m'as faite écrire par la Louise. Il est bien certain que je ne suis pas l'ennemi du mariage. Je m'aperçois de jour en jour davantage qu'il est bon d'avoir une famille et de sentir que sur la Terre on laissera quelqu'un derrière soi. J'éprouve de plus un grand besoin d'affection et je voudrais pendant le temps où je serai de ce monde m'apercevoir que j'y suis utile à une famille que j'aurais créée.

Mais la question n'est pas tout à fait si simple qu'elle te semble. C'est que je ne suis pas un homme comme les autres. Je passe mon temps à travailler, faire des livres est pour moi le but que j'aie donné à la vie. Je vois bien en quoi une femme pourrait me gêner dans mon travail, mais je ne vois pas du tout en quoi elle pourrait m'être utile. Elle m'enlèverait beaucoup de mon temps et beaucoup de ma liberté d'esprit. Si je trouvais une jeune fille honnête comme celle dont tu me parles et d'une intelligence tout à fait supérieure, assurément je n'hésiterais pas à l'épouser. Sa conversation me délasserait aux moments où je me repose, et quand je travaille elle me serait d'un secours précieux si elle avait du goût et si elle comprenait bien ce que je veux faire.

Mais est-ce bien le cas ? Je sais qu'il s'agit d'une jeune fille qui a été au lycée, mais quand on sort du lycée on n'est pas ce que j'appelle une femme instruite. Si tu

savais combien il m'a fallu d'études et d'efforts de toute
sortes pour en arriver à pouvoir écrire ce que j'écris
maintenant. Il faudrait pour qu'une femme puisse
devenir ma compagne, pour qu'elle puisse m'être d'un
certain secours dans la vie qu'elle soit d'une rare intelligence et qu'elle ait bien au fond d'elle-même le goût
des livres.

Il me serait bien difficile d'étudier d'assez près la
jeune fille dont tu me parles pour voir si elle a toutes
ces qualités que je lui demanderais. On ne s'aperçoit
pas de cela en quelques heures ni même en quelques
jours. En tout cas je ne demande pas mieux que de la
voir, mais tu vois par ce que je t'ai dit qu'il ne faut pas
que tu te fasses de trop grandes espérances.

Et puis il y a la question matérielle. Je gagne assez
pour un, mais pour deux ce ne serait pas beaucoup.

Ma chère maman, tu es de retour dans notre maison.
Ma pensée t'y accompagne dans chacune de tes actions,
je te suis dans ta vie, quand tu es triste j'ai envie de te
consoler. Je voudrais me faire bien gros pour y tenir
beaucoup de place, pour que tu sentes davantage que
je suis auprès de toi. Si je ne t'y mène jamais de femme
console-toi à la pensée que je ne suis pas malheureux
et que je ne le serai jamais tant que tu seras de ce
monde.

Je t'embrasse bien tendrement, ma chère maman.

Louis.

LETTRES

Paris, le 21 Juin 1907.

Ma chère et bonne maman, tout ce que tu me dis je le sais bien. Enfin, fais donc pour le mieux. Tu es bien plus tranquille à Cérilly que partout ailleurs.

Pour le partage, je crois que tu as raison. Donne à Léon sa part. En tous cas, moi je n'ai besoin de rien. Nous arrangerons ça quand tu seras à Cérilly. Je te donnerai une procuration pour que tu fasses de ce qui me revient ce que tu voudras. Je ne veux ni de la somme ni des intérêts, tu arrangeras ça à ta guise, tu toucheras ce qu'il pourra y avoir à toucher. Quand même tu n'en aurais pas un besoin absolu, tu pourras tout de même te procurer un peu de bien-être. Je gagne ma vie, je suis garçon pour le moment, j'ai tout ce qu'il me faut.

Tâche de te rendre bien heureuse, ma chère maman. Je sais bien que ma grand'mère Déchâtre disait : « Et qu'est-ce qu'il faut que je fasse de plus pour me rendre heureuse ? » Mais tu peux te procurer encore bien des petites douceurs qui te rendront la vie un peu plus agréable.

J'ai écrit il y a quelques jours à M. le Curé en lui envoyant la lettre de mon ami du Conseil d'État qui me disait que son affaire semblait bien se présenter et qu'il obtiendrait sans doute satisfaction. Tant mieux.

Je travaille tant que je peux, mon livre avance à petites fois. C'est bien là, avec les lettres que tu m'écris, mon plus grand plaisir. Il n'a pas fait encore assez chaud pour que j'aie envie d'aller à la campagne. Je sors un peu le soir, mais je vis assez seul.

J'ai vu Giraudoux ces jours derniers. Il m'a chargé de te dire de sa part et de la part de ses parents qu'ils avaient pris beaucoup de part à notre chagrin. Je ne sais pas si je t'avais déjà dit que son frère était installé médecin à Cusset.

Pour le mariage, maman, j'y ai réfléchi depuis que je t'ai écrit à ce sujet. Mes idées sont toujours les mêmes. Il faudrait que je trouve cette jeune fille bien intelligente pour que je m'y décide. Enfin, je la verrai au mois de septembre.

N'as-tu pas été trop triste en arrivant à Cérilly ? Ta vie a-t-elle bien marché comme auparavant ? Embrasse bien la Marie pour moi. J'espère que vous faites bien bon ménage et que vous êtes contentes l'une de l'autre.

Je suis en très bonne santé. Mon bureau me laisse bien tranquille, un peu trop tranquille même. Je suis forcé de me découvrir du travail pour donner signe de vie. Tout mon temps est à moi.

Je t'embrasse bien fort, ma chère maman. Le mois de septembre approche et je me dis déjà que l'année prochaine je tâcherai d'aller te voir à Pâques. Au revoir, écris-moi bientôt.

Ton

LOUIS.

Je te renvoie le paquet des affaires. Ça me semble très bien fait.

Paris, le 28 Juin 1907.

Ma chère et bonne maman, je t'écris cette lettre pour que tu l'aies dimanche matin. Tu penseras à moi, tu reliras ma lettre, il te semblera que je suis venu te faire une petite visite. Tu ne seras pas toute seule.

Il ne faut jamais m'écrire, sauf quand c'est pressé, le jour où tu reçois mes lettres. Comme ça tu auras deux jours par semaine où ton cœur sera occupé ; celui où tu reçois mes lettres et celui où tu me réponds.

Il faut bien te soigner, ma chère maman, il ne faut te priver de rien de ce qui peut te faire plaisir. Pour le partage, nous en reparlerons au mois de septembre, nous verrons ce qu'il y aura à faire. En tous cas moi je ne pourrai que te répéter de vive voix ce que je te dis dans mes lettres : c'est que, pour le moment, je n'ai besoin de rien.

Je pense bien des fois à mon père, mais je m'efforce d'y penser avec courage. Je sais que nous devons tous

56

mourir et j'envie ceux qui meurent comme lui après avoir rempli toute leur destinée. Mes idées sur la vie ont bien changé, je prends au sérieux des choses que j'envisageais avec légèreté ; dans bien des cas il me semble que j'ai hérité des idées de mon père. Je les trouve tout naturellement dans ma tête. J'ai plus de courage au travail quand je pense qu'il n'était pas paresseux ; il y a bien des plaisirs que je néglige et auxquels je ne donne plus la même valeur quand je me rappelle comme sa vie était sérieuse et ses idées bien assises. Il me semble qu'il n'est pas mort puisqu'il m'a laissé son exemple et que j'ai recueilli ses pensées.

Ma chère maman, je pense à toi tous les jours. J'espère que tu es en bonne santé. Si parfois tu étais malade il ne faudrait pas craindre de me le dire. J'ai besoin de vivre bien près de toi, il faut que je te voie comme tu es, que je m'imagine ce que tu peux faire. Il me semble que je t'accompagne, et quand tu es triste je me dis que tu n'as qu'à tourner les yeux vers moi pour comprendre que mon cœur est pour toi plein d'amour et qu'il te reste encore cela dans la vie.

Donne-moi des nouvelles de la Louise. La Jeanne ira sans doute te voir aux grandes vacances. Vous ferez votre ménage toutes les deux, ça te donnera peut-être un peu de peine, mais enfin tu auras un compagnon. J'ai reçu une carte d'elle ce matin. Je vais lui envoyer un autre petit livre.

Embrasse bien la cousine Marie pour moi.

LETTRES

Je t'embrasse bien fort, ma chère maman, et je
t'envoie toutes mes meilleures pensées.

Louis.

Paris, le 8 Juillet 1907.

Ma chère maman, je suis bien désolé aussi d'apprendre que notre vigne a été martyrisée de cette façon.
Mais moi je n'aurai pas besoin de raisins au mois de
septembre, je n'aurai besoin de rien puisque je serai
auprès de toi.

Je suis content qu'il ne fasse pas trop chaud, parce
que j'avais peur que tu sois mal à ton aise dans ta
chambre de Bourbon. Repose-toi bien, fais la paresseuse
tant que tu pourras et surtout distrais-toi. J'espère que
la nièce et la cousine ont fait bon ménage ensemble.
Tu diras à la Jeanne que je n'ai pas pu lire ce qu'elle
m'écrivait de sa mère et que je la prie à l'avenir de
faire un peu plus attention. Vous allez peut-être revenir
à Cérilly toutes les deux ensemble puisque ce sera à peu
près le moment des vacances.

Il ne fait pas beau du tout à Paris, il n'a pas fait
chaud encore. Je ne suis pas allé à la campagne et je
ne sors même guère le soir parce qu'il fait beaucoup de
vent.

Je pense souvent à toi, ma bonne maman, je ne te
suis pas si bien dans toutes tes actions à Bourbon qu'à

58

A SA MÈRE

Cérilly, mais je m'en fais une petite idée tout de même. Quand je n'imagine pas bien ce que tu fais, je me dis : Elle doit se promener avec la Jeanne. J'espère qu'elle va avoir de beaux prix, j'espère surtout qu'elle va être pour toi une compagne sérieuse.

Je voulais t'écrire cet après-midi pour que tu aies ma lettre tout de suite et puis un ami est venu me voir, je me suis mis à causer, et l'heure du courrier qui est à 5 heures et demie a passé. J'espère que tu n'auras pas trop attendu le facteur et que tu te seras dit : Je ne suis pas en peine, mon Louis m'écrira bien dès qu'il pourra le faire.

Est-ce-que la Marie s'est bien promenée ? Avec un guide comme celui qu'elle avait, elle a dû en voir de toutes les couleurs.

Donne-moi des nouvelles de la Louise et de Léon. Je pense qu'avec ce temps-ci l'année ne doit pas être pour eux comme les autres années.

Au revoir, ma chère maman, je te quitte parce que j'ai bien sommeil. Le temps viendra bientôt où je dormirai à Cérilly dans mon lit. Nous serons bien heureux l'un auprès de l'autre. Je ferai tout mon possible pour te montrer combien je t'aime.

Embrasse tout le monde pour moi.

Je t'embrasse bien fort et de tout mon cœur.

Louis.

LETTRES

Ma chère et bonne maman, tu me dis que tu viendras à Paris avec moi au mois d'octobre, mais je me demande s'il ne vaudrait pas mieux que tu attendes au printemps, parce que je tâcherais de m'arranger pour déménager de façon à avoir un petit logement de deux pièces et à habiter un peu moins haut. Enfin, nous verrons, tu m'en parleras dans tes lettres. De toutes façons, tu sais bien, ma chère maman, que ta visite me causera un grand plaisir et que je serai heureux de t'avoir auprès de moi. Ta volonté sera la mienne, mon plus grand plaisir est de te faire plaisir.

Tu diras à la Jeanne que je ne voulais pas lui faire de la morale parce qu'elle me parlait de sa maman, j'avais bien compris que c'était la Louise qui lui avait dit ça. Je voulais seulement lui reprocher d'avoir mal écrit parce que je n'avais pas pu tout lire.

Je suis allé à la campagne passer trois jours avec des amis. Nous avons eu le beau temps, nous mangions en plein air, nous avions des petites chambres d'auberge qui étaient bien propres. J'ai respiré tant que j'ai pu et je me suis reposé tout le temps.

J'espère que tu n'es pas trop fatiguée. Il vaut bien mieux qu'il ne fasse pas trop chaud, parce que tu serais mal à l'aise dans ta chambre. Tu dois coucher encore avec la Jeanne. Es-tu toujours contente d'elle? Tu ne m'as pas dit quand elle irait à Cérilly.

A SA MÈRE

Donne-moi des nouvelles de la Louise et de Léon. Je craignais que la saison ne soit moins bonne à cause du mauvais temps.

Je pense bien à toi, ma chère maman. Dans moins d'un mois et demi je serai auprès de toi. Je m'imagine déjà le bonheur que nous éprouverons tous les deux quand la voiture arrivera à Cérilly et que tu seras là, à m'attendre. Ce sera meilleur encore de s'aimer de près.

Je travaille toujours tant que je peux, je suis aussi tranquille qu'on peut l'être, tu verras toi-même quand tu viendras à Paris que je ne suis pas trop à plaindre.

Je te quitte pour aujourd'hui, je t'envoie mes meilleures pensées et toute l'affection que mon cœur contient.

Embrasse bien tout le monde pour moi. J'espère que la Louise prend bien soin de toi. Moi j'en prendrai bien soin soin aussi quand tu viendras.

Je t'embrasse bien tendrement.

Louis.

Paris, le 29 Juillet 1907.

Ma chère et bonne maman, je n'ai pas pu t'écrire tout de suite après avoir reçu ta lettre comme je l'aurais voulu. Samedi je devais passer la journée avec des amis et je n'ai pu trouver un moment de recueillement pour pouvoir t'écrire de tout mon cœur comme j'aime à le faire. Et hier, comme tous les dimanches, les bureaux de poste étaient fermés.

J'espère que tu n'auras pas été trop ennuyée de voir que tu ne recevais pas de lettre.

Je suis bien content de te savoir à Cérilly. Il me semble que tu as l'esprit plus libre, que tu sais mieux où tu en es et surtout que tu y mènes une vie qui te plaît davantage. Dans un mois j'irai t'y retrouver et nous aurons ensemble de bons moments de tendresse.

Pour ton voyage à Paris, nous en reparlerons. Je ne veux pas trop te dire que j'aimerais mieux que tu viennes au printemps parce que je déménagerais et que j'aurais une chambre pour toi toute seule. J'ai l'air de ne pas tenir à ce que tu viennes quand je te parle ainsi, tandis que je me fais une grande fête de t'avoir auprès de moi. Nous discuterons cela tout du long quand nous serons l'un près de l'autre,

Il fait bien chaud à Paris depuis quelques jours. Je crois que j'aurai bien du plaisir à respirer la fraicheur à Cérilly. Je ferai sans doute un peu de peinture comme l'année dernière. J'irai travailler dans la campagne après déjeûner, et à la fraîcheur, la Jeanne et toi vous viendrez me rejoindre. A propos de la Jeanne, elle doit être en vacances maintenant. A-t-elle eu de beaux prix ? Est-elle toujours une élève modèle ?

Ma chère maman, je te quitte pour aujourd'hui. Il est trois heures et quart. Je vais aller faire un petit tour au Jardin des Plantes. Je t'y emmènerai quand tu seras à Paris. Il y fait bien bon ces jours-ci et j'y vais souvent.

A SA MÈRE

Donne-moi des nouvelles de la Louise et de Léon si tu
en as. Embrasse bien la Marie pour moi.

Je t'embrasse de tout mon cœur ma chère maman.

Louis.

Paris, le 8 Août 1907.

Ma chère maman, j'ai été bien content de recevoir ta
lettre. Je commençais à être un peu inquiet et je me
demandais si tu n'étais pas fatiguée par la chaleur. Je
suis allé passer deux jours à la campagne et il faisait
chaud là comme ailleurs. Enfin, il est bien rare qu'on
soit tout à fait content du temps qu'il fait.

En tous cas, dans un peu plus de trois semaines je
serai auprès de toi dans notre petite maison où mon
père se trouvait si bien. Nous parlerons de lui, son souvenir nous fera du bien. Je voudrais déjà être auprès de
toi. Il me semble qu'il y a bien longtemps que je ne t'ai
vue, ma chère maman.

Je suis toujours heureux quand je lis tes lettres. Ce
qu'elles contiennent me fait plaisir. Elles me font chaud
au cœur. Je n'ai pas besoin de les relire souvent, je sais
par cœur ce qu'elles contiennent parce qu'elles entrent
tout de suite dans le profond de mon âme.

J'ai rencontré hier Léon Duceau. Il ne savait pas que
mon père était mort, et il m'a chargé de te faire ses

63

amitiés. Son père est toujours enfermé. Ils l'ont eu avec eux pendant huit mois, mais il était si nerveux qu'ils n'ont pas pu le garder, sous peine de devenir comme lui. Léon a une petite fille de dix ans et un petit garçon de trois ans.

Tu m'as dit que la Jeanne irait à Cérilly vers le 13 ou le 14. J'en suis bien content parce que tu auras une petite compagne. Elle te donnera bien de la peine, sans doute, mais au moins tu ne seras pas toute seule avec tes idées.

Moi, ma chère maman, je travaille, je vais assez souvent me promener au Jardin des Plantes, mais les arbres de Paris sont déjà grillés au mois d'août. Les marronniers n'ont presque plus de feuilles. Il n'y a pas que les habitants de Paris qui souffrent de la chaleur et de la poussière, les arbres aussi.

Je pense aller à la campagne samedi matin et j'y resterai jusqu'à lundi. Cette fois-ci je ne serai pas à l'auberge, je vais chez des amis. Je t'enverrai une carte illustrée.

Donne-moi des nouvelles de la Louise et de Léon. Raconte-moi, ce qui se passe à Cérilly. Embrasse bien la cousine pour moi.

Ma chère maman je t'embrasse tendrement, comme je t'aime.

Louis.

A SA MÈRE

Ma chère et bonne maman, je te souhaite une bonne fête. Je te la souhaiterai bien mieux dans quinze jours quand je serai auprès de toi et je te montrerai à tout moment qu'il te reste dans la vie un bien précieux, l'amour de tes enfants. Je pense à toi sans cesse, je te porte avec moi, je te presse sur mon cœur, j'éprouve une joie que je ne puis pas te dépeindre quand je pense que j'ai là-bas, à Cérilly, une bonne maman.

Je suis bien content que la Jeanne soit auprès de toi. Notre petite maison est moins seule, ta vie est plus occupée et il n'y a plus autour de toi ce silence qui te fait parfois du mal parce qu'il te rappelle notre pauvre père qui ne viendra plus jamais nous parler. Console-toi par tout ce qui te reste et songe à toutes celles qui n'ont pas d'enfants ou qui ont des enfants qui ne les aiment pas.

Tu me dis que la Jeanne ne parle jamais de son grand-père. Je crois qu'elle a été très effrayée par tout ce qu'elle a vu de sa mort. Elle a eu peur, elle a senti qu'il se passait quelque chose d'effrayant et elle aime mieux n'en pas parler et n'y pas penser.

Est-elle bien sage et bien affectueuse avec toi? Je le souhaite de tout mon cœur, et je voudrais qu'il y ait toujours dans la vie à côté de toi qui a le cœur si bon et si tendre quelqu'un qui te ressemble.

Tu diras à la Jeanne que je me rappelle très bien ce

qu'elle m'avait dit de lui apporter et que c'est cela que je lui apporterai. Elle aura aussi son gros ballon, comme elle dit. Mais pour la robe, je ne la lui achèterai pas. J'aime beaucoup mieux donner aux enfants des choses qui leur font plaisir à eux, des jouets ou des petits objets qu'ils désirent. Ce n'est pas parce que je trouve que la robe est trop chère, c'est parce que j'aime mieux lui donner autre chose.

Mais toi, maman, ne m'avais-tu pas dit qu'il te faudrait un portefeuille pour mettre tes papiers ? Si tu en as un dis-le moi, et dans ce cas que faut-il t'apporter ? Je tiens absolument à t'apporter quelque chose.

Je ne sais pas bien encore quel jour j'arriverai à Cérilly. Je te le dirai à temps. J'arriverai par Saint-Amand comme d'habitude.

Embrasse Marie pour moi. Je n'oublierai pas ce que tu m'as dit.

Tu diras à la Jeanne que je suis content qu'elle ait eu de beaux prix et que je lui en fais de grands compliments.

Je t'embrasse de tout mon cœur ma chère maman.

Louis.

Je vais à la campagne samedi matin jusqu'à lundi soir.

Samedi.

Ma chère et bonne maman, je viens de faire mon déménagement et je suis à présent tout à fait installé.

A SA MÈRE

Ça a été dur, mais enfin les meubles et les livres sont à leur place. Tu m'écriras donc maintenant à ma nouvelle adresse : 45, Quai Bourbon.

J'étais bien content dans le train de voir qu'il faisait un peu meilleur, d'abord parce que tu étais mieux à l'aise pour voyager et aussi parce que le beau temps rend les pensées moins tristes.

Ma chère maman, il ne faut pas trop te désoler d'être seule puisque tu es bien portante. J'avais à ce sujet oublié de te dire que pendant notre voyage en auto M. Demahis me disait : Il ne faut pas être inquiet, votre mère a un bon tempérament. Prends donc ton temps le mieux possible et puis quand le mois d'avril viendra tu te mettras en route pour Paris. Tu auras une belle chambre. Je ne vois que les arbres et l'eau. Au moment où je t'écris les moineaux chantent autour de moi.

Ma petite maman, j'ai eu quelquefois des mouvements d'humeur pendant les vacances parce que je suis comme mon père très impatient, mais si mon caractère est inégal, tu sais bien que mon cœur ne l'est pas.

Je voudrais bien que tu n'aies pas toujours l'air un peu absorbée comme je l'ai remarqué plusieurs fois. Je sais bien que tu penses à ta solitude, à mon pauvre père, aux changements qui surviennent dans la vie. Je ne puis que te répéter ce que je dis toujours à la Louise : C'est qu'il ne faut pas entretenir sa tristesse avec tant de soin. Elle vient assez souvent toute seule sans qu'on aille au devant d'elle. Il faut donc, ma chère maman, secouer de temps en temps ta peine, regarder ce qui se passe dans la vie et faire ton possible pour t'y intéresser.

Je pense bien à toi, ma chère maman, as-tu décidé quelque chose bien définitivement pour tes compagnes de la nuit.

Je m'aperçois en ce moment que j'ai oublié de faire la lettre à Chaput. Mais je puis t'en faire une, à moins que tu fasses refaire celle que j'ai mise dans le buffet et dans laquelle il n'y a que la dernière partie du compte. Tu me le diras, je pourrais te la mettre dans une lettre que je t'écrirai.

Au revoir, ma bien chère maman, écris-moi bientôt. Je pense bien souvent à toi et je t'embrasse bien tendrement, comme je t'aime.

Louis.

Paris, le 15 Octobre 1907.

Ma chère et bonne maman, je suis bien installé maintenant dans mon nouveau logement. Je m'y plais beaucoup parce qu'il est bien tranquille, parce que j'ai une belle vue, et parce que je suis au large. Je t'envoie deux photographies de la maison, mais il faudra que tu me les retournes parce qu'elles ne sont pas à moi. Je ne sais pas bien comment t'expliquer où sont mes fenêtres. Regarde la maison qui est en face, à gauche. Tu verras tout de suite au dessous du toit la quatrième fenêtre

de gauche à droite, elle est ouverte. C'est celle de la
chambre où je couche. Après cette première fenêtre, il
y en a une petite qui est celle de ma cuisine et ensuite
une grande qui est ouverte aussi. Ce sont les trois
fenêtres de mon logement. Les arbres sont bien beaux
en ce moment, ils n'ont pas perdu leurs feuilles. De
mes fenêtres je ne vois qu'eux et la Seine, il ne semble
pas que je sois à Paris.

Tu me renverras la photographie dans une dizaine de
jours, dans la lettre qui suivra ta prochaine lettre.
Comme cela tu pourras l'envoyer à Bourbon.

J'espère que tu es en bonne santé, ma chère maman.
Il ne fait pas bien froid encore, tu ne dois pas être trop
fatiguée quand tu vas chercher la Marie. As-tu bien
repris ton petit train ? Je voudrais que tu ne t'ennuies
pas du tout et que la pensée que je ne suis pas trop loin
de toi et que je t'aime te console toujours quand tu es
triste. Et puis dis-toi qu'au mois d'avril tu viendras me
voir. Tu resteras tout le temps que tu voudras. Ça sera
bientôt venu.

Moi, ma chère maman, je travaille. Je me trouve si
bien chez moi que je ne sors que quand j'y suis forcé,
c'est-à-dire un peu tous les matins pour m'occuper de
mes affaires de bureau. Je prends le bateau que tu
verras en bas de la photographie. Tu vois qu'il est juste
à ma porte.

Je voulais t'écrire hier soir, mais des amis sont venus
me voir, et j'ai été obligé de remettre ma lettre à

aujourd'hui. Je t'écrirai bien souvent, tous les dix jours au moins. Nous ne nous apercevrons pas que nous sommes éloignés l'un de l'autre puisque nous nous donnerons des nouvelles. Tu n'auras pas le temps d'oublier que je t'aime.

Je t'aime de tout mon cœur, ma chère maman, et je t'embrasse tendrement.

Louis.

Paris, le 28 Octobre 1907.

Ma chère et bonne maman, je viens finir ma soirée de travail auprès de toi. J'ai allumé un peu de feu, il fait bien bon, j'ai travaillé de mon mieux, et c'est d'un cœur bien doux et plein d'amour pour toi que je pense à la vie et que je t'envoie le meilleur de moi-même. Je pense que tu es en bonne santé, ma chère maman, que tu ne te laisses pas trop gagner par la tristesse et que tes soirées qui sont maintenant bien longues sont occupées un peu par le souvenir de ceux qui t'aiment. Tu dois tricoter un peu pour moi, dis-toi que je t'accompagne dans tes actions, que je me figure que je suis au coin de la table et qu'il me semble t'entendre compter tes mailles quand tu en es au talon. Il me semble du moins que c'est quand on arrive au talon qu'on compte les mailles. Si je me trompe, ma foi, tant pis !

70

A SA MÈRE

J'ai reçu une lettre de Jean Galand qui m'annonce qu'il marie sa fille Gilberte le 12 novembre et qu'ils viendront passer quelques jours à Paris. Je serai sans doute obligé de les promener un peu, ça ne m'amuse pas beaucoup, mais enfin je ferai de mon mieux.

Je te renvoie la lettre de Chaput. D'après les termes de cette lettre il semble bien qu'ils ne nous rendront pas 1000 francs le 11 novembre comme il en avait été question. Je vais attendre cette date et j'écrirai à Monsieur Dutremblay pour m'entendre avec lui au sujet de l'argent qu'il m'a avancé.

Pour les photographies de ma maison, tu peux encore les garder quelque temps si ça te fait plaisir de les regarder. Tu me les renverras un peu plus tard.

Hier dimanche, je suis allé faire un tour à Carnetin. Il y faisait bien bon. La campagne est très belle, le brouillard s'était un peu levé, j'ai fait avec mes amis une longue promenade et nous sommes rentrés à Paris le soir après dîner.

Je suis toujours très bien dans mon logement. Ça n'est pas si beau qu'en été parce que les arbres ont déjà perdu leurs feuilles, mais je vois la Seine, les lumières qui s'y reflètent le soir et le mouvement des bateaux. J'ai un grand espace devant chacune de mes fenêtres, ceux qui viennent me voir m'envient beaucoup.

J'ai reçu avant hier une carte de la Jeanne. Je vais lui répondre. Donne-moi des nouvelles de Léon et de la Louise. Dis à la Louise quand tu leur écriras que je pense bien souvent à elle. Le cognac était bien bon, mais malheureusement il n'en reste plus.

A bientôt, ma chère maman, je t'embrasse de tout mon cœur qui est plein de tendresse pour toi. Dis bien le bonjour à la cousine Marie et aux mère, père et sœurs cousine.

Au revoir, ma bonne maman.

Louis.

Paris, le 13 Novembre 1907.

Ma chère et bonne maman, peut-être as-tu trouvé que je restais longtemps sans t'écrire mais tu peux être bien sûre que je ne suis pas resté un seul jour sans penser à toi. J'ai eu un peu de travail et je croyais chaque jour avoir un peu plus de temps le lendemain. Et puis j'aime mieux t'écrire quand j'ai le cœur bien calme, quand rien ne me presse ni ne me bouscule. Il me semble alors que mon amour va vers toi tout droit, avec plus de force, et que tu le sens davantage.

Je commence à vivre comme en hiver, avec du feu tous les jours. Je ne m'aperçois pas trop du temps qu'il fait parce que je ne sors pas beaucoup, mais j'en vois assez tout de même pour savoir que nous avons un triste automne. Je travaille régulièrement et je trouve de la joie dans ce que je fais. Depuis que je suis dans mon nouveau logement je me plais tellement chez moi que j'ai beaucoup de mal à aller quelque part. Je suis obligé de me raisonner, de me dire qu'il faut que je marche ou que j'aille chercher un peu de distractions.

Je n'ai pas reçu encore la visite de Jean Galand et de sa famille mais je pense que ce sera pour ces jours-ci. Sa fille a dû se marier hier.

Au sujet de la lettre de Chaput, tâche donc de savoir s'il a rendu la somme ou s'il doit la rendre ces jours-ci. Tu me le diras dans ta lettre.

J'espère que tu es en bonne santé, ma chère maman, je pense à toi le soir. A huit heures je me dis que tu descends chercher la Marie. C'est bien tard pour toi, mais pour moi qui ne me couche jamais avant minuit ou une heure, c'est encore bien tôt. Ensuite je me dis que tu remontes, que vous vous couchez. Quand je travaille, vers dix heures, bien des fois je me figure, la chambre, le lit, je me dis que tu dors bien et je me fais l'impression d'être auprès de toi et de veiller sur ton sommeil. Je crois, du reste, que cette sortie de huit heures ne peut pas te faire de mal parce qu'elle coupe pour toi ces soirées d'hiver qui sont bien longues et au cours desquelles on est souvent plein de tristes pensées.

Donne-moi des nouvelles de Léon, de la Louise et de la Jeanne.

Embrasse la Marie pour moi.

Je t'embrasse de tout mon cœur, ma chère maman.

Louis.

LETTRES

Paris, le 23 Novembre 1907.

Ma chère et bonne maman,

J'ai reçu ta lettre ce matin, je mettrai celle-ci à la poste ce soir mais comme le service postal ne fonctionne pas le dimanche dans tous les bureaux, je ne sais pas si tu l'auras lundi ou mardi.

J'ai bien compris toutes tes explications. Pour les 400 francs qui me restent à toucher sur les 1000 francs qu'a versés Ch. je vais écrire à Déret de me les envoyer. Ils me serviront à acheter différents objets dont j'ai besoin, puis pour les étrennes et le terme de janvier. Quant aux 1000 francs de R., Déret m'écrit qu'il a un placement chez L. L. ; c'est je crois le fils L. le quincaillier, le placement me semble très bon, et je vais lui dire de le faire. Pour mes intérêts, ce que tu as fait est très bien, mais ne t'oblige donc pas à mettre à la Caisse d'épargne ces 40 francs de Giraud avant que tu ne les aies touchés.

Ma chère maman, tu me reproches dans ta lettre de ne t'avoir pas parlé de mon cousin Suchaud. Pauvre jeune homme, sa mort m'a fait bien de la peine, tu vois que le malheur passe partout. J'ai vu mourir ces temps-ci un camarade de bureau et un écrivain de mon âge que je connaissais bien. Et ce pauvre M. Dutremblay qui était un si bon homme. Sais-tu qui va prendre son étude ? Si tu écris à mes cousins de Villefranche, ne

74

manque pas de leur dire que j'ai bien pris ma part de leur peine et que je les plains de tout mon cœur.

Je n'ai pas vu Jean Galand. Il m'avait écrit qu'ils viendraient tous me voir dimanche dernier, et voilà que la veille, le samedi soir, ils sont venus quand je n'étais pas là. Je venais justement de leur envoyer un mot pour leur dire que je les attendais le lendemain à onze heures. De leur côté ils m'avaient laissé un mot en me disant d'aller les voir. J'ai pensé que, comme ils sortaient dans Paris, ils viendraient et que c'était mon rendez-vous qui comptait. Je les ai attendus toute la journée. Ils m'ont écrit au moment de leur départ en me disant qu'ils croyaient que ce serait moi qui serais allé les voir. En un mot nous nous sommes mal entendus. J'ai bien regretté celà, j'avais fait mes économies et je me préparais à les bien recevoir.

Dis à M. de Mahis que je serai très content de le voir, mais qu'il m'écrive un mot quand il sera à Paris pour me donner rendez-vous, parce que sans cela il courrait le risque de ne pas me rencontrer.

Ma chère maman, j'espère que tu es bien guérie de ta grippe. Soigne-toi bien, pour toi et pour moi, car moi aussi je souffre quand tu es malade. Comme j'ai pensé à toi ces temps-ci, et comme j'ai pensé à mon pauvre père. Quel tendre souvenir je garde de lui. Il est toujours à mes côtés comme un exemple, sa vie me sert de modèle et me donne du courage quand je travaille. J'aurais tant voulu qu'il sache que j'étais quelqu'un, que si je n'étais pas riche, c'est parce que nous sommes a une époque où les livres n'enrichissent pas ceux qui les font, mais que du moins j'étais un des hommes de valeur de mon temps. J'ai bien des défauts, je ne suis peut-être pas aussi ferme dans ma conduite qu'il l'était dans la sienne, je suis un peu dépensier, mais j'ai quand même hérité de son courage et de son enthousiasme.

Toi, ma chère maman, tu me restes, tu es là auprès de moi, ta présence est chaude, je t'aime et je sens que tu m'aimes, je remercie la vie de m'avoir donné une si bonne mère. Je t'embrasse bien fort.

Louis.

Embrasse bien la cousine Marie. Écris-moi quand tu seras à Bourbon. Donne-moi des nouvelles de tout le monde. Dis à la Jeanne que si elle est menteuse, je ne lui enverrai pas d'étrennes.

Vendredi, 13 Décembre 1907.

Ma chère et bonne maman, tu dois avoir reçu ton poêle avant-hier. Est-il arrivé en bon état ? Est-ce qu'il chauffe bien ? Dis-moi tout cela dans ta prochaine lettre.

Dis-moi aussi ce qu'il faudra t'acheter pour tes étrennes. Choisis quelque chose qui te fasse bien plaisir, je serais si heureux d'y arriver.

Vas-tu rester longtemps à Bourbon ? Prends bien garde aux courants d'air et soigne-toi bien. As-tu toujours la Jeanne pour camarade de lit ? Es-tu contente d'elle ? J'espère qu'elle est toujours une bonne élève.

Moi, ma chère maman, je suis toujours dans les mêmes conditions. Tu me fais des observations au sujet de l'argent que je t'ai demandé, mais si je l'ai fait c'est parce que j'en avais besoin pour acheter différentes choses et mettre mes affaires en ordre. Tu dois pourtant bien savoir que je ne jette pas l'argent par les fenêtres et que je ne suis ni un débauché ni un faiseur d'embarras.

Je t'écris de mon bureau. J'y vais le matin, de 10 heures à midi, tous les 23 jours. Ça semble drôle, mais c'est parce que nous venons à tour de rôle pour recevoir les gens qui ont des réclamations à faire. Je vais du reste avoir pas mal de travail pendant une période qui durera à peu près deux mois. Comme tous les ans, je vais faire mon renouvellement des taxes d'étalages. C'est assez long et passablement ennuyeux. Enfin quand ça sera fini je n'y penserai plus.

Il n'a pas fait trop froid encore, mais j'allume du feu tous les jours. Je travaille au coin de la cheminée bien tranquillement, je pense souvent à toi, je me dis que tu viendras au mois d'avril et que je ferai tout mon possible pour te rendre heureuse.

Donne-moi des nouvelles détaillées de la Louise et de Léon. Moi, comme tu vois, il ne m'est rien arrivé de remarquable. Je continue à t'aimer de tout mon cœur.

Je vous embrasse bien tous.

LOUIS.

Paris, le 31 Décembre 1907.

Ma chère et bonne maman, je souhaite de tout mon cœur que l'année qui commencera demain t'apporte un peu de consolation. Je voudrais qu'elle te donne la joie et la santé et qu'en te rendant l'amour de tes enfants plus sensible encore elle affaiblisse ta douleur sans en effacer le souvenir. Je sais bien, ma chère maman, que nous ne pouvons pas oublier que mon père n'est plus là, que nous ne pouvons pas retrouver ces instants de gaieté que nous avions lorsqu'il était au milieu de nous, mais je voudrais que la résignation nous vienne.

Pour toi, je pense que tu es bien tranquille à Bourbon, que tu y mènes une existence paisible et que le sentiment que tu as de tes enfants qui t'aiment tient une grande place dans ton cœur.

J'ai reçu les draps que tu m'as envoyés, ils étaient très beaux, et j'ai déjà couché dedans. J'ai aussi reçu ma pipe, elle me sert de compagnon et elle est très bonne.

Je vous ai fait envoyer vos étrennes, il y avait ce que tu m'avais dit, plus la voiture de poupée de la Jeanne.

A SA MÈRE

J'ai complétement oublié, au milieu de la foule qui remplit les magasins en ce moment, la boîte de papier à lettres que tu désirais, mais dans ta prochaine lettre, ne manque pas de me dire si tu en as besoin, je t'en ferai envoyer une.

Tu me diras si tu es contente de ton poële à pétrole. Chauffe-t-il suffisament ? Est-ce qu'il ne fume pas ? Il doit te tenir compagnie. Tu ne m'as pas dit si tu couchais toujours avec la Jeanne.

Je suis bien content de ce que tu m'annonces : que la Louise va mieux. Je crois toujours que sa principale maladie est de n'avoir rien qui l'intéresse. Le jour où elle voudra s'occuper et se distraire, ses nerfs qui sont certainement malades ne tarderont pas à reprendre des forces.

Moi, ma chère maman, je suis en excellente santé. Je n'ai pas même été enrhumé. J'ai bon pied, bon œil, et beaucoup de courage. Je travaille tant que je peux, et quand ça va bien je m'estime le plus heureux des hommes. Il fait bien froid, j'allume un bon feu, je sors de temps en temps pour mes occupations, ça me fait du bien et ça me distrait.

Je vois avec plaisir approcher la bonne saison. Tu viendras aux premiers beaux jours. Je ferai tout mon possible pour te rendre heureuse de toutes les façons. Tu verras comme tu seras bien installée. Quand les arbres auront des feuilles tu seras comme dans la campagne auprès d'une rivière.

Tu embrasseras bien la Louise, Léon et la Jeanne pour moi. Tu leur souhaiteras à tous les trois une bonne, bonne année. J'espère que nous serons encore une fois tous réunis en septembre et que nous pourrons passer quelques jours tranquilles.

Ma chère maman, je t'embrasse de tout mon cœur qui t'aime. Je pense tous les jours à toi. Soigne-toi bien, repose-toi, pense au mois d'avril où tu viendras me voir.

Louis.

Paris, le 14 Janvier 1908.

Ma bonne et chère maman, je me suis un peu moins pressé à t'écrire parce que tu es chez Louise, et puis je t'ai envoyé les nouvelles que j'ai écrites dans « l'Humanité » et j'ai pensé qu'elles te tenaient un peu compagnie.

Je suis bien content que tu aies un poêle pour réchauffer ta chambre. Il fait si froid que je me demande ce que tu aurais fait sans cela. Quand on ne se donne pas de mouvement on a de la peine à se réchauffer même avec du feu. Chez-moi il fait bien froid parce qu'il y a de l'espace au devant de mes fenêtres et je ne suis guère bien abrité, mais avec un bon feu comme j'en fais j'arrive quand même à lutter.

Au sujet de ce que tu me dis de M. Dutremblay je suis passablement étonné, mais il est bien évident que nous n'avons rien à craindre puisque nous n'avons pas chez lui d'argent. Son rôle a été simplement de recevoir notre argent pour le donner à d'autres qui l'ont reçu, et les placements sont garantis par des billets ou des obligations. Enfin, tiens moi au courant parce que ça m'intéresse. Parle-t-on déjà de celui qui doit acheter l'étude?

Tu diras à la Jeanne que sa lettre m'a fait plaisir parce que c'était elle qui l'avait faite et que maintenant qu'elle sait écrire de longues lettres bien détaillées, j'espère qu'elle m'en enverra souvent. Je suis content qu'elle soit une bonne élève, et si elle continue je la ferai venir à Paris avec moi l'année prochaine, pour les vacances de Pâques.

Pour ton gilet, j'ai fait pour le mieux, il n'y en avait plus de gris. Mais tu ne me dis pas s'il faut que je t'envoie du papier à lettres.

La Louise est-elle toujours bien gaie ? Est-ce que sa vieille patraque commence à se remonter ?

Moi, je me porte toujours admirablement. Je n'ai même pas été enrhumé. Ces temps-ci je passe une bonne partie de mes journées dans les rues à aller voir mes commerçants et je m'en trouve très bien chaque soir. J'ai un appétit comme je n'en ai jamais eu et j'ai bien plus de plaisir à me reposer au coin du feu après dîner.

Ma chère maman, le mois d'avril sera maintenant bientôt venu. Tu viendras aux premiers beaux temps. Tu verras comme tu seras bien chez toi. Tu auras le soleil, la vue de l'eau et de beaux arbres, enfin j'espère que nous passerons des jours heureux l'un auprès de l'autre.

Dis-moi combien de temps encore tu comptes rester à Bourbon. Tu vas te trouver bien seule quand tu retourneras à Cérilly, ne te presse pas trop.

Je pense à toi bien souvent, ma chère maman. Tu ne t'es pas fait de mauvais sang j'espère, parce que je suis resté quinze jours sans t'écrire. Tu sais bien que mon cœur ne garde pas le silence et qu'il t'aime toujours.

Embrasse bien Léon, la Louise et la Jeanne pour moi.

Je t'embrasse bien tendrement, ma chère maman,

Louis.

Lundi 10 février 1908.

Ma chère maman, je t'envoie un petit mot pour te rassurer, comme tu me le demandes. Je suis tout à fait guéri, ma fatigue est passée et je crois que je vais pouvoir retourner demain à mon bureau.

Il fait malheureusement un vilain temps de brouillard, mais j'ai assez de forces pour ne pas le craindre. J'ai bon appétit, je commence à me sentir solide.

Je t'écrirai plus longuement ces jours-ci. Dis-moi quand tu dois retourner à Cérilly pour que je sache si je peux t'écrire avant ton départ.

Dès que je pourrai subir de nouveaux assauts, je me ferai arranger les dents. Le médecin m'a conseillé de le faire le plus tôt possible. Enfin, je t'en parlerai plus en détail dans ma prochaine lettre.

Embrasse bien la Jeanne, la Louise et Léon pour moi.

Je t'embrasse bien tendrement, ma chère maman,

LOUIS.

Mardi 18 Février 1908.

Ma chère et bonne maman, tu as dû avoir bien du travail en arrivant à Cérilly ; depuis le temps que notre maison est fermée il devait y avoir beaucoup de choses à mettre en ordre. Ne t'es-tu pas trouvée bien seule en arrivant ? D'un autre côté, tu as retrouvé tous les objets auxquels tu es habituée, tu as retrouvé ton chez toi et tu te sens peut-être plus libre.

Je pense beaucoup à toi, quand tu es toute seule ; il me semble que je suis mieux avec toi. Tu vas quand même trouver le temps un peu long les premiers jours, mais dis-toi, ma chère maman, que tu vas bientôt venir me voir et que tu n'en as pas pour longtemps à rester toute seule. Et puis je t'écrirai plus souvent qu'à Bourbon.

Je suis tout-à-fait guéri de ma grippe. Les premiers jours j'étais encore un peu fatigué le soir, mais maintenant je suis solide comme un homme. J'ai un grand appétit, beaucoup de courage en plus et une fois de plus je me sens vivre.

Comme je te l'avais dit, il va falloir que je me fasse soigner les dents. Ça m'ennuie un peu parce qu'il va falloir m'en arracher pas mal, mais enfin ça m'ennuie moins qu'autre chose parce que je me suis tellement fait soigner la bouche quand j'étais petit que je me suis habitué par avance à tout ce qu'on peut me faire. Je n'ai pas encore vu le dentiste, mais j'irai le voir avant une quinzaine, c'est-à-dire que dans ma prochaine lettre je pourrai te dire ce qu'il en est. J'aurai sans doute besoin de m'arranger avec le successeur de M. Dutremblay pour pouvoir payer quand le moment sera venu, je crois que ça me coûtera cher.

Maintenant que tu es à Cérilly, tu vas avoir quelques renseignements sur les affaires de M. Dutremblay. Raconte-moi ça. Tu n'avais plus d'argent à l'étude, n'est-ce pas ?

J'ai reçu un mot de Déret qui me dit que son cousin M. Bonabeau, qui est peintre, doit venir me voir. Je vais lui écrire dès que j'aurai terminé ta lettre.

Il fait un bien vilain temps depuis deux ou trois jours, de la pluie et du vent. J'en suis un peu désolé parce qu'il vaudrait mieux que je puisse sortir, mais je n'en souffre pas autrement.

Je vais écrire à la Jeanne ces jours-ci, pour lui raconter des histoires dans le genre des siennes. C'est très bien qu'elle m'écrive de longues lettres, ça l'habitue à dire ce qu'elle veut dire. Elle fait encore beaucoup de fautes, mais je la comprends bien.

84

A SA MÈRE

Donne-moi aussi des nouvelles détaillées de Léon, de la Louise et de ton séjour à Bourbon. As-tu fais un bon voyage à ton retour ? Il ne faisait pas trop beau. J'espère que tu n'as pas pris froid.

Au revoir, ma chère maman, soigne-toi bien. Tu as dû reprendre ta vie avec la Marie. Embrasse-la bien pour moi.

Je pense à toi tous les jours avec beaucoup de tendresse. Je t'embrasse de tout mon cœur.

LOUIS.

Samedi 29 Février 1908.

Ma chère maman, tu trouveras sous cette enveloppe la copie de ta lettre. Je l'ai mise à la date de lundi. Je trouve que tu as parfaitement raison. La réponse de M. E. P. est très ferme et expose la question sous son vrai jour. Je n'en ai supprimé que deux mots qui me semblaient inutiles, les mots impérieux et autoritaires. En parlant simplement du ton de la lettre, on exprime aussi bien le même sentiment.

Je te mets sous une autre enveloppe le brouillon de M. P. et la lettre de M. G.

Je ne t'écris pas longuement parce que je suis pressé d'aller au bureau. C'est le jour de la paye, et moins que jamais il faut que je me mette en retard.

Il fait bien froid aujourd'hui, et un bien vilain temps

de pluie et de vent. Es-tu bien habituée à notre maison une fois de plus? Je t'écrirai bientôt une lettre plus longue.

Je suis tout à fait guéri et assez solide pour pouvoir braver d'autre assauts. Je n'ai pas encore vu mon dentiste, mais je pense le voir dans le courant de la semaine qui vient.

Au revoir, ma chère et bonne maman. Je t'embrasse de tout mon cœur affectueux.

Louis.

Je te mets tout sous la même enveloppe.

Paris, le 13 Mars 1908.

Ma chère et bonne maman, j'espère que tu es toujours en bonne santé et que tu n'as pas souffert comme la Jeanne de tout ce mauvais temps que nous avons traversé. Pauvre Jeanne, j'ai eu bien de la peine à la savoir malade comme ça. Enfin, elle m'a écrit elle-même ces jours-ci et je pense bien que le mieux a persisté.

Moi, ma chère maman, j'ai pris mon courage à deux mains. Je suis allé voir le dentiste. Il a commencé mercredi dernier par m'arracher trois dents. Il m'a insensibilisé la gencive et pour les deux premières dents je n'ai pas souffert du tout. Pour la troisième ça a été un peu plus dur parce que c'était une racine difficile à attraper avec la pince. Je vais y retourner aujourd'hui et je pense qu'il m'en arrachera trois encore, et ainsi de suite, jusqu'à ce qu'il m'ait arraché tout ce qu'il faudra.

Ma pauvre maman, je souffre bien moins que quand nous allions tous les deux chez M. Héraud. Il me pique la gencive avec de la cocaïne et je ne sens rien. Du moins ça s'est passé de cette façon la dernière fois. C'est un homme très adroit, du reste, et très savant. C'est un médecin qui s'est mis dentiste.

Il est l'ami de mon médecin, lequel est un de mes bons amis d'ici. Je ne lui ai pas demandé ce qu'il prendrait, mais il a dit à mon ami qu'il me prendrait juste le prix de l'appareil qu'il me mettrait quand tout sera terminé.

Je crois qu'il va me laisser mes dents d'en bas et mes grosses dents d'en haut.

Voilà, ma chère maman, comment ça se passe. Si mon pauvre père était encore de ce monde, il serait bien content, lui qui m'avait dit si souvent que je devrais me faire mettre des dents.

Depuis hier il fait un peu meilleur, mais je me demande si ça va continuer. En tous cas, la belle saison s'approche et dans un mois d'ici il va falloir que tu penses à venir me voir. Tu verras comme tu seras bien installée et comme tu seras tranquille.

As-tu des nouvelles de M. Gouraincourt ? Tiens-moi bien au courant. Pour moi je ferai comme tu me l'as dit avec Antonin M.. Comme ça je n'aurai pas besoin de me faire ouvrir un compte ni de déplacer une somme de 1000 fr.

LETTRES

Écris-moi bien longuement. J'espère que tu ne t'ennuies pas trop, que tu te donnes un peu de distraction. Moi, je pense souvent à toi. J'attends le jour où tu viendras ici pour tâcher de te rendre bien heureuse.

Tu embrasseras la cousine Marie pour moi.

A bientôt, ma chère maman. Je t'embrasse de tout mon cœur qui t'aime.

LOUIS.

Paris, le 21 Mars 1908.

Ma chère et bonne maman, il ne faut pas être inquiète au sujet de mes dents. Jusqu'ici tout va bien. J'en ai six qui sont arrachées, et je vais partir dans un petit moment pour en faire arracher deux autres. Le dentiste m'insensibilise très bien et je n'ai pas souffert. Je vais chez lui en faisant ma petiie promenade et je ne pense à mes dents que lorsque je suis assis dans le fauteuil.

Je ne sais pas combien il m'en enlèvera. J'en compte à peu près quinze, c'est-à-dire que ce soir quand je rentrerai je serai à la moitié de mes peine.

J'espère bien, ma chère maman, que tu ne tarderas pas trop à trouver pour tes sommes les placements qu'il te faudra. Dès que ce sera terminé, il faudra t'apprêter au départ. Tâche de venir dans le courant du mois prochain, dès que viendront les beaux jours.

Moi, je suis toujours en très bon état. Jusqu'à présent ce sont les dents de devant qui me manquent, et je peux arriver à manger à peu près comme d'ordinaire sur le côté. Il y aura peut-être un jour ou deux quand ce sera le tour des dents de côté où je serai un peu gêné, mais ça ne durera pas longtemps.

Je compte bien un bon mois pour que l'on puisse me mettre des dents. Il faudra attendre que mes gencives soient bien raffermies.

Je n'ai pas pu écrire à la Jeanne ces jours derniers, mais je vais le faire dans le courant de la semaine prochaine. Dis-moi si elle est bien guérie et si elle a pu recommencer à aller à l'école.

Je n'ai jamais pensé à te dire que je n'écrivais plus d'histoires dans le journal « l'Humanité » parce qu'on me les a payées à un prix que je ne trouvais pas raisonnable. On ne me donnait que 15 francs. Ça aurait déjà été mal payé si l'on m'avait donné le double.

Je suis toujours tranquille avec mon bureau, surtout maintenant que mon gros travail du commencement de l'année est terminé.

Il commence à faire beau. Mais mon coin ne sera tout à fait bien que dans un mois d'ici, quand les arbres auront leurs feuilles. Je suis d'avance bien sûr qu'il te plaira et que tu te trouveras tout à fait à l'aise.

Quand tu verras M. P. M. veux-tu lui dire que, puisqu'Antonin a dit qu'il était en mesure de le faire, il rembourse quand il le voudra le billet de 500 francs. J'aurai besoin de 200 francs à peu près le mois prochain pour payer mon terme. Je croyais toucher cette somme chez mon éditeur. J'y suis allé ce matin et l'on m'a dit qu'il n'y avait pas eu de nouvelle vente de mes livres. Je ne suis pas riche du tout, mais pas du tout. Si ça n'est pas possible de cette façon, je pourrai peut-être toucher une partie de mon livret de caisse d'épargne. Peut-être même cela vaudrait-il autant, et je ne toucherai la somme versée par Antonin qu'au moment de payer mon dentiste.

Je te quitte, ma chère et bonne maman, je t'assure qu'il ne se passe pas un jour sans que je pense longuement à toi. Embrasse la Marie pour moi.

Je t'embrasse bien tendrement.

Louis.

Paris, le 4 avril 1908.

Ma chère et bonne maman, j'ai eu beaucoup de peine en lisant ta lettre. Je sais bien qu'il t'est difficile, n'ayant pas vécu à Paris, de te rendre compte de ce qu'il faut pour y mener une existence même très simple comme la mienne. Tu verrais alors qu'il n'est pas besoin de complications romanesques comme celles que tu imagines pour venir à bout de mon faible traitement. Jusqu'ici, depuis quelques années, si je n'avais pas gagné un peu d'argent avec mes livres, je ne sais pas comment j'aurais pu joindre les deux bouts. Je traverse maintenant une période au cours de laquelle je ne gagne rien en dehors de mes appointements, et

c'est la seule raison qui m'oblige à toucher à mon livret
de caisse d'épargne pour mon terme et qui m'obligera
à toucher à mon argent pour me faire soigner les dents.

Le dentiste m'en a arraché quatorze. C'étaient des
racines qui ne dépassaient pas la gencive et qu'il avait
parfois beaucoup de mal à saisir. J'ai un peu souffert
pour les dernières. Maintenant, c'est fini. Il va me
soigner celles qui restent, et un peu plus tard, quand
ma machoire sera bien cicatrisée, il m'installera un
appareil.

Ma chère maman, je suis allé à la messe lundi dernier.
Comme j'ai pensé à mon pauvre père pour l'anniversaire
de sa mort. Son souvenir est toujours vivant dans mon
cœur. Je n'ai pas pu m'habituer à la pensée qu'il était
mort. Le soir, à ces moments où avant de s'endormir
on revoit toute sa vie, je ne peux pas arriver à croire à
cela. Ma douleur est moins vive qu'aux premiers jours,
mais elle est tout aussi présente. Je me rappelle ces
mots d'un camarade de bureau, quand je revenais de
l'enterrement. Il me disait :

— « On ne se console jamais. Moi, j'avais 22 ans
quand j'ai perdu mon père. J'en ai maintenant 40. Il y
a 18 ans qu'il est mort, et je n'en suis pas encore
consolé. »

Ma chère maman, dis-moi maintenant vers quelle
époque tu penses venir à Paris. Dès les premiers beaux
jours il faudra te décider. La place est toute prête.

Je t'envoie un mot pour la directrice des postes au

sujet de mon livret. Tu toucheras le plus tôt possible, parce qu'il me faudrait cet argent pour le 15, qui est le jour du terme. Cela sera-t-il possible ?

Au revoir, ma chère maman, donne-moi de tes nouvelles. J'espère que tu es en bonne santé et que tu ne te fais plus de ces idées extraordinaires sur mon compte.

Embrasse bien la cousine pour moi.

Je t'embrasse de tout mon cœur.

Louis.

Donne-moi des nouvelles de Bourbon. La Jeanne va peut-être aller en vacances à Cérilly.

Paris, le 22 Avril 1908.

Ma chère et bonne maman, il a fait bien froid ces jours derniers, mais le beau temps est en route et je pense que dès les premiers jours de mai tu vas pouvoir venir.

Pour les trains à prendre, le plus simple serait assurément que tu fasses comme j'ai fait la dernière fois. Tu te ferais conduire à Vallon et tu prendrais le train que j'ai pris qui t'amènerait à Paris vers 6 heures et demie. Seulement, si tu prends ce train là, il faudra auparavant que je te donne tous les renseignements parce que cette ligne là a deux grandes gares dans Paris. Tu descendrais du reste à la dernière.

A SA MÈRE

L'autre moyen, ce serait en passant par Bourbon. Tu prendrais l'économique vers 10 heures et tu trouverais à Moulins le train de la grande ligne qui arrive 5 minutes après l'économique. Tu serais à Paris vers les 6 heures.

Enfin, tu n'as que l'embarras du choix.

Tu me parles, ma chère maman, des 400 francs du billet T. En effet, cela vaudrait mieux, parce qu'il n'y aurait pas à déplacer les 500 francs d'Antonin M. Mais je crois que ça n'est pas pressé avant ton arrivée. Nous parlerons de cela quand tu seras ici.

Pour mes dents, je suis en ce moment en vacances jusqu'à la semaine prochaine pour que mes gencives puissent bien se reformer. J'en ai encore plusieurs qui sont gâtées et que l'on doit me plomber, et ensuite le dentiste prendra le moulage de ma mâchoire. Mais tout cela se fera seulement quand tu seras ici.

Dis à la cousine Louise que mon camarade des Postes était en vacances ces temps-ci et que je vais le voir cette semaine. Je lui écrirai à elle dès que je l'aurai vu. En tous cas qu'elle soit bien sûre que je ferai mon possible.

J'ai reçu une lettre de la Jeanne. Je vais lui répondre ces jours-ci.

Allons, ma chère maman, je pense que dans quinze jours tu seras ici. Les peupliers qui sont sous mes fenêtres commencent à montrer un tout petit bout de leurs feuilles. Ils seront bien beaux quand tu viendras.

J'ai bien reçu les 130 francs que tu m'as envoyés, ils m'ont servi à payer mon terme.

LETTRES

Embrasse bien la cousine Marie pour moi.

Je t'embrasse bien fort, ma chère maman, dès que tu le pourras viens bien vite.

Ton

Louis.

Paris, le 13 Octobre 1908.

Ma chère maman, j'ai fait un bon voyage de retour. Le soir, Michel était venu m'attendre à la gare, et comme il devait partir le lendemain pour aller passer trois jours chez Chauvin, je me suis décidé à l'accompagner. Ce n'était pas bien loin de Paris, à 3 heures seulement. J'ai passé là trois bonnes journées.

Je ne me suis donc définitivement réinstallé à Paris que mardi dernier. Je suis retourné à mon bureau où tout va bien comme par le passé.

Je continue à faire des nouvelles pour le « Matin ». Il y en a une qui doit passer ces jours-ci. Dis à Aufauvre de t'apporter les numéros dans lesquels paraîtront mes nouvelles.

Il continue à faire bien beau. Les quais autour de chez moi sont bien jolis en ce moment. Les peupliers n'ont pas encore perdu leurs feuilles et l'eau est d'une belle couleur. Mademoiselle Coustolle est de passage à Paris, elle vient souvent me voir et elle m'a chargé de te faire ses amitiés.

J'ai passé aujourd'hui l'après-midi chez Francis

A SA MÈRE

Jourdain qui va avoir ces jours-ci un autre bébé, et en sortant de là je suis allé dîner avec Régis Gignoux qui finit par devenir trop gros.

J'ai vu Madame Dieudonné et ses enfants. Elle va déménager ces jours-ci, mais elle ne quitte pas son quartier.

Voilà, ma chère maman, toutes les nouvelles que j'ai à t'apprendre. J'espère que tu vis bien tranquillement et que tu as repris ton petit train avec la cousine Marie.

Je pense à toi tous les jours, je t'aime de tout mon cœur et je t'embrasse bien tendrement.

LOUIS.

Paris, le 27 Octobre 1908.

Ma chère maman,

J'espère que tu es toujours en bonne santé et que ces premiers froids ne t'ont pas fait souffrir. Moi, ça va très bien pour le moment. J'ai commencé à allumer du feu comme en hiver, et je t'assure qu'avec le vent qui souffle en ce moment sur les quais j'ai du plaisir à sentir la chaleur.

Ma vie est toujours la même. Mon bureau me laisse assez tranquille pour l'instant. Je continue à faire des histoires pour le « Matin ». On m'a dit que celles qui ont paru jusqu'à maintenant avaient eu beaucoup de succès. On m'a demandé l'autorisation de les traduire en

95

allemand pour les faire paraître dans les journaux d'Allemagne. Ça me rapportera encore un peu d'argent. En un mot, pour le moment, ça a l'air de vouloir durer.

Je ne suis pas beaucoup sorti tous ces temps-ci et je n'ai pas vu grand monde, en dehors de Madame Dieudonné et de Mademoiselle Coustolle. Je ne suis pas allé à la campagne depuis mon retour du pays de Chauvin.

Veux-tu dire à Madame Semoux que je suis allé demander qu'on lui envoie le « Matin ». Voici ce qu'on m'a répondu : Dans une petite ville comme Cérilly, ils n'ont pas besoin de deux dépositaires. Mais si elle croit pouvoir vendre des numéros du « Matin » en plus de ceux que vend déjà Aufauvre, elle n'a qu'a faire une demande écrite. Elle l'adressera au *Chef du Service de vente*. Elle lui expliquera qu'elle tenait autrefois le « Matin » et qu'on le lui a retiré. Elle dira que plusieurs de ses clients pour le « Matin » ont à ce moment-là pris un autre journal pour ne pas la quitter et qu'ils seraient tout disposés à reprendre le « Matin » si elle l'avait. Et elle expliquera à ce Monsieur qu'elle est la personne dont je lui ai parlé. Qu'elle ne dise surtout pas un mot de ses démêlés avec Aufauvre.

J'ai reçu un mot de la Louise à propos de mon histoire « L'eau bénite ». Elle me disait que tu devais aller à Bourbon en automobile avec Monsieur Demahis et y passer quelques jours. As-tu fait ce petit voyage ?

Raconte-moi, chère maman, la vie que tu mènes. J'espère que la cousine Marie et toi vous vous entendez

96

toujours comme frère et sœur. Embrasse-la bien pour moi.

Je pense souvent à toi, j'espère que cet hiver nous passerons ensemble des jours bien tranquilles, et, en attendant, ma chère maman, je t'embrasse de tout mon cœur.

Louis.

Paris, le 17 Novembre 1908.

Ma chère maman,

J'ai un peu tardé à t'écrire parce que je n'avais rien de bien particulier à t'annoncer, mais tu sais bien que mon silence ne veut pas dire que je ne pense pas à toi.

Je continue à faire des nouvelles au « Matin ». On m'a formellement promis de m'en prendre une par semaine, et en effet pour les deux dernières ils m'ont tenu parole. Je voudrais bien que cela continue.

Dis-moi dans ta lettre quand tu comptes venir à Paris. Je préférerais que tu attendes encore une quinzaine, parce que en ce moment j'ai du travail, et de cette façon j'aurai le temps de le terminer.

Ne manque pas d'emporter un édredon.

As-tu des nouvelles de la Jeanne et de la Louise? Comment va Léon? Donne-moi les nouvelles de Cérilly,

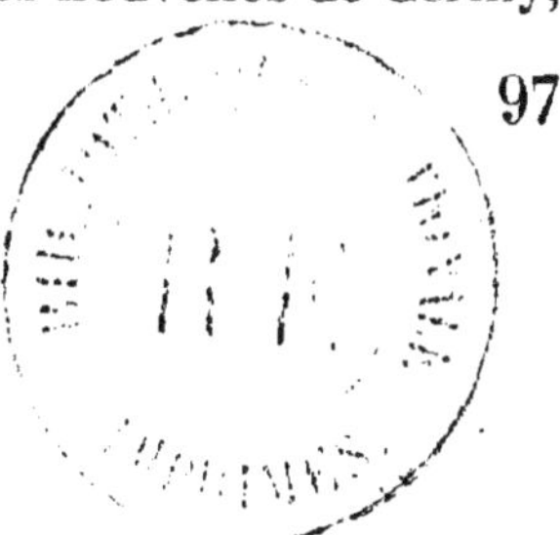

Ici, il fait un temps gris et terne, mais il ne fait pas trop froid. J'allume du feu tout de même.

Je ne t'en mets pas davantage pour aujourd'hui. Ma vie est en ce moment bien tranquille. Je travaille, je sors un peu, je me trouve à l'aise. A bientôt, ma chère maman.

Je t'embrasse bien fort.

LOUIS.

P. S. — Embrasse la Marie. A quand les noces ?

Paris, le 1er Avril 1909.

Ma chère maman,

Je suis content de savoir que tu es bien tranquille et bien installée à Bourbon. Mais ne reste pas trop dans les courants d'air. C'est maintenant la saison de la grippe et des rhumes. Je t'ai renvoyée en bon état. Que ceux de Bourbon tâchent de faire la même chose.

Depuis ton départ, je n'ai rien cassé. Si tu revenais à Paris, tu trouverais tous les objets présents à la même place.

J'ai déjeuné deux fois à la maison. La femme de ménage m'a fait la cuisine, et ça s'est très bien passé. Pour le moment je m'entends très bien avec elle. Je la laisse faire, elle s'occupe un peu de tout.

Je mène la même vie, avec cette seule différence que

je mange au restaurant à midi. J'ai beaucoup de mal à en découvrir un qui me plaise. Ça n'est pas encore fait. Je change au bout de trois ou quatre jours, j'en quitte un parce qu'il ne me dit plus rien, et je vais dans un autre où au bout de quelques jours, ça devient la même chose.

J'ai reçu pour toi une lettre de Baptiste Morel t'invitant à aller le voir samedi dernier. Je lui ai répondu. Mme Crédeville aussi t'a écrit. Je vais lui répondre. Il est arrivé aussi une carte de Saint-Etienne venant d'une parente de M. Larvaron.

Mlle Coustolle se marie samedi. Elle voulait t'inviter au goûter qui suivra la cérémonie, mais comme tu n'es pas à Paris, tu ne pourras pas y aller. Je n'y vais pas non plus, parce que ce genre de cérémonies m'assomme.

Je crois bien que l'intelligente Mlle Gabrielle, la fille de notre intelligente et aimable concierge est malade. Si tu veux lui adresser tes bons souhaits, tu n'as qu'à me le dire, je ferai, avec le plus vif empressement, ta commission.

J'espère que tout le monde est en bonne santé. La Jeanne a-t-elle trouvé ses livres à son goût ?

Je vous embrasse bien tous les quatre.

C'est aujourd'hui l'anniversaire de la mort de mon père. Je pense beaucoup à lui.

Je t'embrasse bien fort.

Louis.

LETTRES

Paris, le 8 Mai 1909.

Ma chère maman,

Je t'écris ces deux mots à la hâte avant que la grève des postes ne soit de nouveau déclarée pour te dire que je vais très bien et que je pense à toi.

Peut-être allons-nous rester longtemps sans pouvoir échanger de lettres. Je suis persuadé comme tout le monde qu'il va y avoir en même temps toute une série de grèves qui vont isoler Paris du reste du monde. Mais maintenant que tu sais comment ma maison est faite, tu seras rassurée et tu te diras que je ne cours aucun danger.

Je suis allé hier à la Samaritaine avec Guillaumin choisir vos deux ombrelles. Elles sont très jolies. J'ai beaucoup de plaisir à vous les offrir.

Je pense que nous allons être obligés de garder Guillaumin dans nos murs si la grève des chemins de fer éclate. Nous le soignerons de notre mieux, nous tâcherons de l'engraisser si les vivres ne manquent pas. Mais si les vivres viennent à manquer, comme il n'est pas d'ici, il sera l'un de ceux que nous mangerons les premiers.

J'ai déjeuné avec lui hier, et je dois le revoir dimanche. Il m'a dit que vous étiez allés le voir Léon, la Jeanne et toi.

Au revoir, chère maman. Ne sois pas inquiète. Je vous embrasse tous.

Louis.

100

A SA MÈRE

Ma chère maman,

Il ne fallait pas être inquiète à cause de mon silence. Tu sais bien que je suis un peu négligent pour écrire, mais je t'aime bien tout de même.

Ma vie est toujours comme tu l'as vue. Je suis très content de ma femme de ménage. Elle fait vite et bien. Je déjeune assez souvent chez moi. Elle me prépare mon déjeuner. Je mange sur la grande table. Ça me rappelle le temps où tu étais là, et où j'étais heureux de te rendre heureuse.

Au « Matin » ça va toujours très bien. Mes nouvelles passent le lundi. Ça m'intéresse beaucoup de les écrire. Je vais demander s'il est possible d'avoir une augmentation, mais je ne pense pas y réussir. Enfin, ils sont toujours très contents de moi, et moi je ne suis pas mécontent d'eux.

Je vais partir vendredi soir pour aller passer quelques jours à la campagne chez des amis que tu ne connais pas. Je ne rentrerai sans doute que le jeudi suivant.

Je me suis fait faire un beau complet, un peu plus clair que ceux que je porte d'habitude. J'ai acheté un beau chapeau de paille. Tu verras comme je serai élégant à Cérilly.

J'ai vu il y a quelques jours Larbaud et sa mère qui étaient de passage à Paris. J'irai sans doute les voir à Vichy pendant les vacances.

LETTRES

Le beau temps est revenu. Il fait bien bon dans notre maison. Les peupliers sont superbes. C'est le meilleur moment pour être à Paris.

Allons, ma chère maman, soigne-toi bien. Raconte-moi les nouvellés de Cérilly. T'es-tu bien trouvée chez toi en arrivant ? Fais-tu toujours bon ménage avec la cousine Marie ? Dis-moi si sa sœur Louise a été reçue à l'examen des postes. Le moment serait peut-être bon, si elle est reçue, pour s'occuper d'elle.

Je revois de temps en temps les amis. Francis Jourdain est à la campagne avec sa femme et ses enfants.

Je t'embrasse bien tendrement ma chère maman.

LOUIS.

Paris, le 25 Juin 1909.

Ma chère maman,

J'espère que tu es toujours en bonne santé, et maintenant que tu es réhabituée à Cérilly, que tu y vis tranquillement au milieu de toutes tes habitudes.

Moi, je vais très bien pour le moment. Je suis revenu de la campagne depuis bientôt quinze jours, et par ce temps de vent et de pluie, je n'ai guère envie d'y retourner.

Mlle Coustolle et son mari m'ont écrit pour que j'aille à Vesoul passer quelques jours chez eux à la fin de la semaine prochaine, mais je ne sais pas si je vais pouvoir y aller.

102

A SA MÈRE

Ma vie est toujours la même. Elle n'a pas changé depuis ton départ. Je n'ai pas beaucoup de travail pour mon bureau en ce moment, et je reste presque toujours chez moi. Tu as dû continuer a lire mes nouvelles dans le « Matin ». Ça va toujours très bien.

Je t'avais dit, n'est-ce pas, que j'ai vu il y a trois semaines Antonin Ravasson qui était venu à Paris pour affaires. Nous avons déjeuné ensemble.

Raconte-moi toujours les nouvelles de Cérilly. J'irai, comme tous les ans, au mois de septembre, et cette année-ci j'irai sans doute faire une tournée à Vichy chez Larbaud et à Clermont ou j'ai un ami, que tu as vu une fois ici, du reste, et qui dirige là-bas un journal depuis le commencement du mois.

Ma chère maman, je pense tous les jours à toi avec beaucoup d'affection et je t'aime de tout mon cœur.

Louis.

Paris, le 29 Juillet 1909.

Ma chère maman,

J'espère que tu es toujours en bonne santé et que la vie tranquille que tu mènes à Cérilly est toujours agréable.

Voici les vacances qui approchent. La Jeanne va sans doute aller te rejoindre tout de suite après les prix. Elle te tiendra compagnie et vous passerez les journées toutes les deux en vous occupant de vos petites affaires.

Moi, j'irai à Cérilly comme d'habitude au mois de septembre. J'irai sans doute, comme je te l'ai dit, faire un petit voyage, mais je passerai quand même presque tout mon temps auprès de toi.

Il faut bien espérer que le beau temps viendra enfin tout à fait, parce que jusqu'à maintenant il y a eu surtout du vent et de la pluie. C'est une triste année.

Tu as dû être surprise lundi dernier en ne voyant pas de nouvelle de moi dans le « Matin ». C'est parce que j'avais remis trop tard celle que j'avais faite. Elle ne passera que lundi prochain. J'aime autant ça, parce que, comme je vais en écrire une autre chaque semaine, ça me fera une semaine d'avance, et pendant les vacances je pourrai passer, si ça me dit, huit jours sans rien faire.

Je pense bien souvent à toi. Je mène toujours la même vie. Je déjeune quatre jours par semaine chez moi. Ça me change un peu des restaurants dont la cuisine est toujours la même,

Je n'ai pas beaucoup de nouvelles à t'annoncer. Je ne suis pas sorti ces derniers temps et je n'ai pas vu grand monde.

Au revoir, ma chère maman. Je t'embrasse bien fort et de tout mon cœur.

Louis.

*Achevé d'imprimer le quatorze
janvier mil neuf cent vingt
huit à Dijon sur les presses de
Maurice Darantiere*